JN418963

돌아갈 수 없는 숲

돌아갈 수 없는 숲

성선경 시선집

문학의전당

自序

별

아차 순간 내 헛디딘 잘못 하나로
그만 정한수 사발이 깨어져 흩어졌습니다.
이렇게 깨어진 사금파리들이
저 하늘에 가득 찼습니다.
나는 얼마나 잘못하며 살아왔을까요?
이젠 발 디딜 틈이 없습니다.

차례

1부

2부

3부

4부

5부

1부

눈 내리는 날

저기, 환장하것네 눈 내리는 날
우리 모두 하나 되는 백의민족 보것네

남남북녀 남산북악南山北岳이
솜이불 쏴 펼쳐놓고
한 오백 년 옷고름 풀던 날
무명수건 두른 이녁들의 머리칼
피마자 기름내 그립다

눈이 내리고, 어허 통일統一이라
삼백예순날 등촉만 태우던 밤 다 새우고
이제사 한 이불 펴시니
육날미투리 한 쌍이 만날 고개 넘어서
친정 가는 마고자 남바위 보것네

하늘과 땅을 이으면
세상이 다 밝게 열리나니
널리 인간을 이롭게 하리라던
단군왕검檀君王儉 만나것네
우리 모두 하나 되는 백의민족 보것네.

밀밭에서

가을걷이가 끝난 빈 들녘에 서면
한 알의 밀알이 썩어서 온 세상의 풍요를 이루는 것이다
아버지는 호올로 씨앗을 뿌리고
어둑어둑 깊은 근심으로 걸음을 옮기시는 어머니는
세상의 아득함으로 잠 못 들어 뒤척이는 어린 아들에게
산다는 것은 이 땅을 힘 있게 밟고 서는 거란다 하며
안온한 하루의 이불을 펴주시곤 이마를 다독거려 주신다
내가 다시 아버지의 밀밭으로 다가서서
온종일 그리운 이름들을 부르면
하나 둘 별들이 빛날 어둠이 짙어와
만리벌을 다 비추는 만월이 떠오르고
달빛 따라 어느새 쑥쑥
잘 자란 밀밭들이 온 벌판으로 술렁거린다
봐라, 봐! 저것 좀 봐!
나의 꿈결까지 따라와
황금의 밀알들이 점차 눈앞으로 다가와
주먹만 해지다가 산만 해지다가
껍질을 벗고 하나 둘 애기장수들이 나와
저기 한 필씩 용마를 타고
태백산, 소백산 이 땅의 결박당한

사지를 풀어내는 것이 보인다.
가을걷이가 끝난 빈 들녘에서
아버지는 호올로 씨앗을 뿌리고
느린 걸음으로 어머님이 복합비료를 뿌리면
묶인 허리띠를 천천히 풀고
듬직한 몸매를 일으켜 세우는 한아비 미륵
이마에 한 닢씩 밀닢을 꽂고
세상의 밭을 갈려 가는 농군들이 보인다
한 알의 밀알이 썩어서
일으켜 세우는 한 나라가 보인다
아버지가 가꾸시는 밀밭에 서면.

빗살무늬토기

맨 처음 이 땅의 흙이었더니
씨앗 하나 품지 못한 맨몸이었더니
하늘이 처음 열리고 만나리로다.
널리 인간을 이롭게 하리라던 그대.

성시聖市의 바람과 구름과 비를 모으고
태백太白의 단단한 씨눈 하나 틔우리
단나무 깊숙이 내린 의로운 말씀.
호혈虎穴과 웅혈熊穴의 잠을 모두 깨우고
온몸으로 마늘내 쑥내를 풍기며
맨살을 맞부비어 화톳불을 밝히니

그대는 토기장 나는 흙일지라.
신단神壇의 하늘로 차오르는 연기여.

도요지 불가마마다 씨눈을 넣으면
밤이면 남정과 계집 뭇잠을 지키다
북극성北極星 그 높은 별자리에 올라가
기원祈願의 향로를 더 멀리 비추고
백날의 기다림으로 제 가슴 빗살치던 그대.

촉촉한 밤이슬로 젖었다 깨어나면
들릴 것이다, 그대의 동트는 아침
백의 휘날리며 힘줄 돋는 말발굽소리
동이의 이마에 시원히 흰 무명 두르고
온 들에 일어서는 씨눈들의 함성이.

이제 보일 것이다, 그대 얼굴에서
할아버지 피워내는 청솔연기 맡으면
봄비에 호박잎 같은 광목치마 두르고
튼튼한 씨앗 뿌리는 파종의 아낙들과
성큼성큼 한반도의 산맥을 밟으며
압록에서 두만, 섬진에서 낙동까지
건장한 몸매로 그날의 말씀 전하며
봄 오는 들판에 서 있는 농부들이.

그대의 오랜 기억에서 만나리라.
따습고 고요한 노인장 한 분과
맨 처음 이 땅의 흙이었다가
씨앗 하나 품지 못한 맨몸이었다가
조선朝鮮의 귀와 입이 되어 그날의 음성

밤새워 들었던 뜻들을 모두 전하며
이제는 잔잔한 주름살로 서 있는 얼굴 하나를.

소

어머니
나는 죽어서 소가 되고 싶습니다
푸우푸우 거친 숨을 내뿜으며
이 나라의 크나큰 어머니의 들녘을
젖가슴같이 부드럽게 갈아 일구어
푸르디푸른 보리밭을 가꾸는
튼튼한 농우소가 되고 싶습니다
은혜로운 이 땅의 일꾼이 되어서
푸른 싹을 위하여 쟁기날을 끌다가
저 한 몸으로 이 땅을 다 일구지 못하면
죽어서 북이라도 되어
잠 깨어라 잠 깨어라
삼천 리 둥둥 가슴을 울리는
소가 되고 싶습니다 어머니.

바둑론

우리가 스스럼없이 우리라고 부를 때
바둑을 두자, 아우여 돌싸움을 하자
생나무 자라는 소리 쩡쩡한
남녘의 아랫도리 그 어디쯤에서
청동青銅빛 말씀이 내리던
백두白頭의 천지天池 그곳까지
날줄과 씨줄의 모눈을 메우며
우리들의 날들이 오로지 나아가야 할
길닦음을 해 보자.
때로는 우리가 지켜야 할 약속과
산수 문제처럼 부대껴야 할
어려운 숙제를 풀어가면서
내가 온 봄날의 잡꽃을 피우며
단발령, 추자령 숨 가쁘게 치올라갈 때
너는 또 대둔산, 멸악滅惡을 넘어
잘 익은 가을의 단풍잎 물들이기로
그렇게 내려오라.
큰 강물이 양수리에서 만나듯
휘휘 휘둘러 강강수월래 같은
돌싸움을 붙여 보자, 고싸움을 해 보자.

세상의 비어 있는 자리를 서로 메우며
한 상 가득 고봉밥을 마주할 수 있다면
꼬이고 꼬여서 만두 속 같은 세상도
또 한 판 훌륭한 그림그리기 아니냐.
흑이다 백이다 온 들에 모눈을 메우며
삼천 리 화려강산 모자이크를 그려도
우리가 풀어야 할 숙취宿醉 같은 것
시원히 아침의 해장을 하지 않으면
언제 저 넉넉한 태평양 대서양
우리의 집 한 번 만들어 보겠느냐.
우리가 우리라고 스스럼없이 부를 때
스스로 셈하여 볼 내일도 있는 것
큰 강물이 양수리에서 만나듯
휘휘 휘둘러 강강수월래 같은
돌싸움을 붙여 보자, 고싸움을 해 보자.

만만파파식적萬萬波波息笛

우리가 만나서 피리 하나 만든다면야
요석궁의 자루 빠진 도끼노래만 부르랴
그대와 내가 한 세상 푸른 대밭을 이룬다면
죽림竹林에 누워 나란히 팔베개할 수 있다면
취발이 말뚝이 문둥이 장타령도
태백에서 한라까지 신명이 돌아
산중山中놈은 도끼질 야지野地놈은 괭이질
대이파리 서늘히 갈앉히는 청풍淸風이 되어
한 곡조 넉넉한 법성法聲인 것을
그대와 내가 견우牽牛 직녀織女로 만나서
두 손 마주잡고 찡찡 박수친다면
감은사感恩寺 폭우 뒤 칠월 칠석에
동편 서편 질경이로 흩어졌던
쑥부쟁이 엉겅퀴 말뚱가리풀
곰방대 놋그릇 상투쪽까지
한여름 쏘내기로 짙어올 청산靑山인 것을
보라, 성도 이름도 버리고
그대가 직녀로 온다면
정한수 한 그릇 정히 받쳐들고
고씨레 고씨레 겹상 차린다면

이날은 우리 의義요 생명이요 교훈이다
우리가 건너야 할 강들이 모이어
봄풀 짙어올 비를 뿌릴지니
그대는 온 세상 싹을 틔우라
나는 잘 닦은 농구農具들을 메고 일어나
풍족한 세상의 밭을 갈으마
그러면, 한 오백 년 닫혔던 눈과 귀들이
와와와 한꺼번에 다 열리어
세상의 아침을 깨우는 신적神笛 되리니
이 땅은 하나같이 고운 백의민족이러니
우리가 만나서 청청한 대피리 하나 된다면
요석궁의 자루 빠진 도끼노래만 부르랴
스산히 문풍지 흔드는 샛바람만 되랴.

빨래론

하학하는 길로
어머님이 기다리시는 흰 광목천의 빨랫줄을 따라
턱턱 숨이 막히게 펄럭이며 돌아오면
세상의 지우고 싶은 주름살을 펴시던 어머님께선
한 모서리 당신의 일과를 젖혀두시고
자주자주 눈물에 젖어 풀기 없는 아들을
빨래집게같이 꼭 껴안아 주시곤 하셨다.

내가 유복자의 잦은 돌림에서 돌아와
방학숙제를 마치듯 하루의 책보를 풀고
떨어져도 안전한 툇마루에 앉아서
더러는 제법 낭랑히 책도 읽다가
내 나이의 키자람과 나눗셈에 부대껴
갈숲의 갈대들로 희디흰 빨래가 말라갈 때
어머니 당신은 깨끗한 새 동정을 달아 주시며
세상의 보아야 할 꼭 한 줄기
인두자국 같은 길을 일깨워 주시곤 하셨지만

세상의 주춧돌 위에 단단한 못 하나 박지 못하고
어머니 당신만이 남아 풀어내시는

긴 밤의 실타래에 칭칭 목이 감기어
사자좌며 물병좌 아버지 주몽朱蒙이 겨누시던
북두의 조각별들과 유성같이 떨어져
내가 다듬이 소리를 내며 국민학교를 마치는 동안
무릇 모든 기다림에는 때가 있나니
어머님의 젊은 계절은 무명의 보푸라기로 날려가고
나는 아버지 당신이 꿈꾸시던 육각기둥 하나
세상에 튼튼히 받쳐 세우지 못한 채
단단한 못 하나 박아 놓지 못한 채
다시 씻어야 할 내 나이의 빨랫감들만 늘어
일편단심 민들레 꽃씨로 흩어지는 어머님을 보며
나는 잦은 봄비로 등굣길을 적시곤 하였다.

어머님의 풀기 없는 빨래가 되어
자주자주 주름살을 지우곤 하였다.

광택약장수 김씨

우리 사는 세상도 저렇게 순식간에
빛날 수 있을까 젖은 수건 하나로
삽시간에 번쩍번쩍 광을 내는 신비로운 김씨

그네의 말을 빌리면
처녀의 기미 주근깨 빼고는
모두 지워진다는데
정말 그럴까 천 원 한 장의 광택약光澤藥을
물 젖은 수건에 묻히고
흥부놈 박 타듯이 스르렁 스르렁 슬쩍
손끝만 닿아도 다 지워질까
가슴가슴속 끓는 우리네 수심愁心도
오뉴월 질경이 같은 우리네 삶도
다 지워질까 할아버지의 저승꽃을 빼고는
모두 지워진다는데

오늘은 오가는 사람들로 붐비는
시외버스 터미널 한켠에 자리를 펴고
어떤 사람은 이 광택약으로
삼천만 원 아파트를 닦아

육천만 원에 되팔았다고
능글능글 사람들을 웃기는데

정말 우리 사는 세상이 저렇게 빛날 수 있다면
젖은 수건 하나로 슬금슬금 온갖 때들이 지워진다면
내가 잠깐 한눈을 팔아 꿈꾸는 동안
순식간에 번쩍번쩍 광을 내는 신비로운 김씨.

벌목伐木

우리는 아무런 생각을 하지 않았다
나이도 먹을 만큼 먹으면 더 이상
늙지 않는다고 우리끼리 낄낄거리며
잘 자란 푸른 수목을 향하여
톱날을 세우고 시퍼런 도끼날을 겨누었다
우리도 늙어지면 이렇게 될까
세상의 어느 한구석에서 촘촘히 나이테를 키우다
어느 날 문득 시퍼런 도끼날이 가슴에 와 닿을까
김씨 손씨도 무엇인가 생각을 하는 모양이지만
스스로 쑥스러워하며 아무런 내색도 하지 않은 채
참때가 이슥하도록 쾅쾅 서로의 예감만 찍었다
그래, 그만하면 자랄 만큼 자랐지
그쯤 했으면 세상도 볼 만큼 보았겠지
때때로 문득문득 스스로를 위안하면서
우리들이 지나온 발자국 같은 그루터기만 남겨 놓으며
쾅쾅 침엽수針葉樹의 단단한 근육질을 향해 도끼만 휘둘렀다
자랄 만큼 자라면 이젠 자라지도 않을 거야
품도 웬만하면 더 이상 늘지 않는 법이거든
이제는 새로운 묘목에게 자리를 내어 줄 때도 되었지
가끔은 이런저런 생각들을 하면서

정말 아무런 생각 없는 듯 무심한 얼굴로
짱짱 잘 자란 수목樹木들을 향하여 도끼날만 휘둘렀다.

장기를 두며

세상은 참으로 볼 만하여라.
여름날의 푸른 그늘에 앉아
장기를 두다가 보면
이 세상엔 단단한 영광榮光만 있는 것이 아니라
병兵이며 졸卒이며 짐승들이며
온갖 잡것들이 다 모여서 한 세상을 이루고
기쁨만큼의 슬픔이 있어 더욱 재미있어라.
세상이 둘로 나뉘어져, 친구 아니면
적敵이 되어 서로를 겨냥할 때에도
남들이 모르는 묘수妙手 하나쯤만 있으면
참으로 할 만하여라.
상象으로 장將을 치기도 하고
졸卒로서 차車를 잡기도 하고
제 꾀에 제가 속아 눈물겹기도 한
한 판 승부사는 재미있어라.
비껴 만나는 세상, 비껴서 가는 놈과
스스로의 벽壁으로 갇혀 답답한 놈까지
이 세상 잡것들이 다 모여서
눈물겹도록 살 만한 세상이 되어서
참으로 재미있어라, 이런 세상은

한 칸 한 칸 어렵게 나아가는
질긴 목숨 한 가닥의 졸장기卒將棋도 둘 만하여라.
이런 세상은 참으로 볼 만하여라.

계간 문예지를 읽으며

새벽 약수터에 다녀온 나는 쌀을 안쳐놓고
계간 문예지의 연재소설連載小說을 읽는다.
조카는 밤새 꾼 꿈들을 정리하느라
머리말의 탁상시계와 삼십여 분을 더 졸고
서른 살의 무취업無就業, 자학과 책망을 피해
줄사탕처럼 이어진 사랑의 이력서履歷書를 읽으면
내가 꼭 이기게 하고 싶었던 주인공들은
언제나 소금기둥이 되었다.
빨리 끝내 버리고 싶은 세상의 단편들
휘다닥 휘다닥 콩줄기로 젖히면 밭고랑 사이에서
먼저 앞질러 가시는 어머님의 지청구가
-애야 세상일이란 그렇게 성급해선 못 쓰느니라.-
하고 꾸중을 내리시지만
조세희의, 난쟁이의, 순애의
내가 꼭 이기게 하고 싶었던 주인공들은
늘 세상의 돌부리에 발이 채이고
쇠비름보다 약한 콩포기로 몸살을 앓곤 했다.
아직도 익지 않은 밥을 기다리며
명예스런 향토예비군의 제복을 입고
낙향落鄉한 친구에게 엽서를 띄우면서

혹은 올해의 신춘문예新春文藝를 장담하면서
그리움보다 연연함이 많은 계간 문예지를 읽다 보면
어딜 갔을까 이 땅의 자유 평등 그리고 정의
아직도 덜 깬 잠으로 조카는 옹알거리고
허약한 콩포기들의 북을 돋우면서
빨리 끝내 버리고 싶은 세상의 단편들을
휘다닥 휘다닥 콩줄기로 젖히면
먼저 앞질러 가시는 밭고랑 사이에서
어머님의 지청구하시는 소리가 들린다.

국어과의 작문시간

점심식사가 일찍 끝난 오후수업의
첫 시간, 나는 하오下午의 햇살에 취해
나른한 백지白紙로 잠들고
내가 잠드는 동안
백지 위에서는 몇 개의 점點들이 모여
보이지 않는 자유自由와 평화平和를 꿈꾸기도 하고
더 자주 만세 만세를 부르기도 하고

몇 개의 점點들이 더 모여서 금을
긋기도 한다. 검정볼펜 한 자루와 내가
잠들기로 했을 때 금들이 모여
팔십 년도 상반기의 경제도표가 되기도 한다.
학점에 민감한 신경지수가 되기도 하고

또 몇몇은 책상 위로 몰려 나와
뭘 봐!
쓸데없는 낙서가 되기도 하고
세종어제世宗御製의 훈민정음이 되어
나이보다 일찍 세상에 눈을 뜬 떠나간 애인에게
–아! 보고 싶다– 하고 말을 마치는

연애편지가 되기도 한다.

백지 위에서도 온통 점點들만 모여
서로 곁눈질하거나 더 자주 부딪혀
세상을 의심하기 시작했을 때
나는 더 깊이 잠들고

이름모를 풀씨들이 눈을 틔우기도 한다.
점심식사가 일찍 끝난 오후의 작문시간
나는 잠들고
몇 개의 점點들만 남아 꿈꾸기도 하고
더 자주, 달아나기도 하며.

코끼리는 코끼리다

코끼리는 코끼리다.
내가 '벽壁' 이라 이야기할 때에도
네가 '기둥' 이라 주장할 때에도
코끼리는 코끼리다.
벽이다 기둥이다
우리가 티격태격 다툰다 해도
코끼리가 코끼리 아닌 게 아니지만
우리가 코끼리보다 싸움에 열중하여
혹, 코끼리임을 잊어버릴 때
그놈 역시 긴 코를 숨기고
그냥 '끼리' 로 둔갑하거나
'벽끼리', '기둥끼리' 로
슬그머니 돌아설지도 모를 일
정말 코끼리가 코끼리보다 영리하여서
혹은, 코끼리가 코끼리보다 비양심적이어서
또 다른 어떤 것으로 둔갑할지도 모르는 일
우리가 싸움보다 명징明徵하게 해야 할 것은
코끼리는 코끼리다 이다
내가 '벽壁' 이라 이야기할 때에도
네가 '기둥' 이라 주장할 때에도.

널뛰는 직녀에게

나를 밀어 올려다오
내 그대를 위하여 힘껏 발판을 굴러
저 자유로운 하늘을 주마
나에게 튼튼한 발목을 다오
나를 밀어 네 꿈을 보여 다오
이승에서나, 또 저승에서나
사랑한다는 것은 항상 이와 같아서
내가 그대를 위해
그대가 또 나를 위해
힘차게 발판을 굴러 주는 것
그리하여,
그대가 더 높은 하늘에 닿기를
닿아서 더 고운 별이 되기를
내가 그대에게
그대가 나에게 기원하는 일

나를 밀어 올려다오
내 그대에게 하늘을 주마
저 자유로운 하늘을
다 주마.

그대는 모르리

그대는 모르리
너를 만난 날, 학교 앞 간이음식점에서
곱빼기 비빔국수를 권하며 흘리는
내 땀의 의미를 그대는 모르리
생일이라, 철없이 자랑하는 얼굴을 보며
내가 치루어야 할 그 질급할 춘궁春窮을
그대는 모르리
인간사人間事 이 같은 일 아닐지라도
나를 감아오는 국수가락이사
시시때때로 또 없겠으랴만
곱빼기 그릇을 핥듯이 마저 비우고
국물을 들이키는 허한 속들이
밀가루 국수가락으로 그렇게 거북했으랴
허한 속을 달래며 내가 나를 속이며
생일날의 국수는 긴 생명生命이라
희디흰 이빨로 감추며 보이는 웃음을
웃음의 의미를 그대는 모르리
고개 숙이며 손 내밀며
거스름 백동전을 받아들던 그날
그날의 소원所願을 그대는 모르리.

가난한 날의 행복

가난도 행복幸福이 되는 걸까.
몇 분간 나를 기쁘게 할 자동판매기 앞에서
이백 원의 은전과 다섯 닢의 동전을 들고
한 모금 담배를 뿜으며 짤랑거리는 자유
가난도 정말 행복이 되는 걸까.
급우들은 튀김집으로 우동집으로
학교 앞 싼 국물들을 핥으며 흩어지고
김소운金素雲의 그리움과 나만 남아서
가만가만한 목소리로 갈앉아
내 사랑의 기원을 헤아리다
책을 덮으면, 쉬 배고픈 오후
왕후王后의 밥도
걸인乞人의 찬도
배부른 그 무엇도 되지 못하는
몇 가락의 컵라면을 건져 올리며
그대에게 들려주는 가난한 날의 행복
정말 행복이 되는 걸까.

빈처貧妻

아내는 내내 눈치를 힐끔힐끔 살피며
옷장서랍 칸칸을 뒤집어 먼지를 풀풀 날리고
나는 못 본 척 조간신문을 뒤척거리며
현진건玄鎭健을 생각한다
그때도 그랬을까 슬금슬금
해거름과 함께 저녁 안개가 몰려들면
아내는 더욱 궁상스러워지고
남편은 더욱 음흉스러워져서
토요일 좋은 날의 한나절을
힐끔힐끔, 못 본 척 그랬을까
그러나 다시 눈길을 돌려 아내를 보면
변변한 옷가지 하나 마련해 주지 못한 죄책감보다
저놈의 여편네가 왜 저래
공휴일을 맞아 아버지의 농번기農繁期
한철 농사일을 거들겠다고 고향 가는 길
무슨 수선을 저리 떠나 싶어
죄책감보다 아내의 행위가 더 미워져
망할, 빌어먹을, 나쁜, 못된, 따위의
수식어를 옹알거리다 신문을 덮으며 고개를 돌리면
문득 마주치는 아내의 눈빛이 슬프다

제철마다 화려하진 못해도
한 가지씩 표나게 해 뒀더라면
이런 날, 가을 벌판의 들꽃처럼 한들거리며
혹은, 가을의 단풍잎처럼 화사하게 꾸미고서
빠각빠각 구두코를 반짝이며 다녀올 수 있었을 텐데
현진건玄鎭健, 생각하면 그래도 그때가 좋았지
전당포의 옥양목 저고리라도 찾을 게 있었지
중절모라도 삐딱하게 쓸 수 있었지
아내는 내내 힐끔힐끔, 나는 못 본 척
마주치는 아내의 눈빛이 문득 슬프다.

도깨비바늘풀

이제 내 이름을 서러워하지 않겠다.
조금의 그리움으로도 목이 메어
옷섶이나 바짓가랑이 혹은,
삽살이의 그림자에도 맺혀서
자잔히 묻어나는 나의 사랑
이제는 용서하겠다.
풀꽃답게 피었다 시드는 꽃을 맺어도
나의 감성이 예쁜 덧니로 돋아나도
세상은 때때로 물뱀보다 독사毒蛇 같아서
이 징글시런 놈 혹은
이 낮도깨비 같은 놈
하고 욕을 퍼부어도
나의 끈끈한 사랑 변명하지 않겠다.
풀꽃 중에서도 더 아름다운 화초花草이기를
이름 중에도 더 빛나는 명사名詞이기를
꿈꾸지 않겠다.
그냥, 낮도깨비 같은 도깨비바늘풀.

나무에게

내 그대에게 이르노니
그대가 저 날카로운 쇠들을 위하여
손잡이가 되지 않는다면
아무리 날카로운 이빨의 톱날일지라도
결코 그대들을 범하진 못하리라
적敵은 언제나 그대들의 내부에 있듯이
그대가 저 톱날
시퍼런 도끼날을 위하여
손잡이가 되지 않는다면
그대의 한쪽 팔을 내어 주지 않는다면
내 그대에게 이르노니
아무리 악惡이 악惡을 동반할지라도
결코 저 날카로운 이빨과 칼날들이
그대들을 범하진 못하리라

내 이르노니
그대가 그대를 위하여
결코, 그대를 배신背信하지 말라.

청타수 김양

이제 그 여자는 없다.
아무도 그 여자가 없다는 사실을
알려고도 하지 않고, 또 알았다손 치더라도
찾으려고 하지 않겠지만
우리들은 허술한 기억력을 위하여
밤새워 싱싱한 언어들을 찍어 올리던
그 여자, 지금은 아무 곳에도 없다.
"이렇게 낯선 말들은 곤란해요"
"괜히 목청만 높이고"
"적극적인 문제의식도 없이"
"당신은 기회주의자예요"
우리의 사유와 친분관계를 넘어서
불쑥불쑥 솟아나는 낱말들을 쥐어박으며
자주자주 눈길을 주던 그 여자
우리들의 낡은 질서를 위하여
밤새 언어의 개념을 일깨우던 그 여자
타다닥 타다닥 타타 타타다닥닥
세상을 너무 빠르게 말하던 여자
이제 그 여자는 없다.

2부

화두, 혹은 허생虛生

닭들은 아침이면 늘 알을 낳네.
꽃이요. 꽃, 꽃, 꽃, 꽃. 꽃.
참연꽃 한 송이를 툭 내 앞에 던지네.

행심行心, 반야바라밀다심경마하관자재……
관자재觀自在, 나는 자유로이 꿰뚫어볼 수가 없네.
화두話頭, 저 목탁같이.
목탁같이 둥근 화두.

나도 하루에 하나씩 알을 품어 보지만
어느 것 하나 제대로 병아리가 되지 않네.

길

가 닿아도 바다가 되지 않는데
무어 저리 바쁠까 저 걸음
바람에 멱살잡이로 꼬나박혀도
온통 멍석말이로 채여 밟혀도
후두둑 후두둑 발자국들 털어버리고
그저 제 갈 길만 재촉하는 저놈의 길

돌멩이 풀꽃 하나에 발길을 돌려도
원수는 외나무다리에서 만나고
소나무, 사철나무, 히말라야시다
푸른 눈길 한번 주지 않고 달려도
끝나지 않는 것이 우리네 삶인데
가서 산이 되겠다는 건가
가서 하늘에 닿겠다는 건가

어디로 가라 이정표도 없이 흩어져
문어발처럼 뿔뿔이 달아나는 저놈의 길
안 돼 안 돼.

나무는 없다

드디어 양치기는 치기를 버리고 양이 되었다.
이제 오호이 오호이 그 양치기는 어디에 갔는가.
사람들은 숲을 가리킨다. 그럼 저 나무 뒤에
남아있던 어린 양들이 물음의 고개를 들면
아니야 사람들은 나무를 보지 말고 숲을 보라고
말한다. 아니 숲은 어디에 있는가 물어도
이제 모든 사람들은 숲을 보고 말한다.
드디어 이제 모든 나무는 숲이 되었다.
이제 나무는 어디에 갔는가. 이렇게 묻고 싶어도
사람들은 양치기가 버린 양같이 뿔뿔이 흩어져
모두 숲이 되었다.
이제
드디어
마침내
우리는 모두 숲이 되었다.
세상에 가득 찬 행복한 숲들.

돌아갈 수 없는 숲

이제 돌아갈 수 없네 울울창창
물기에 젖은 이끼들도 햇살을 받으면
지지배배 하늘 높이 종달새가 되던 곳
떡갈나무 잎사귀들도 이슬을 걷으며
삼베적삼 스치는 소리를 낼 수 있던 곳
이제 돌아갈 수 없네 그 그루터기
그늘이 너무 짙어 싫었던 뻐 뻐꾹새 울음소리와
상념의 개미 떼들이 좁쌀로 기어다니던 곳
매미가 울고, 노을이 들고, 연기가 오르면
서너 살 아이들도 할아버지가 되던 곳
철쭉, 송화가루, 서늘한 안개가 합죽선을 펴던 곳
靑靑靑 이슬방울에도 전설이 자라고
발길에 채이는 돌멩이 하나에도 이야기가 있던 곳
이제 돌아갈 수 없네 그 숲.

꽝꽝꽝
이제
숲은 없네.

눈먼 새

나는 고장 난 뻐꾸기시계가 울듯
나는 그냥 흥얼거리는데
새벽이 왔다. 그렇게 사람들은 말한다.
나는 새벽을 보지 못하는데.

저기 저 소리를 보라 한다.
관음觀音, 내 귀에는 눈동자가 없어
내게는 소리가 보이지 않는데.

사람들은 다시 안개를 말한다.
내가 가리키는 것은 안개가 아니야
말하지 못한 손가락이 움츠려 들며

나는 겁이 난다.

개뿔은 없다

소만도 못하다고
개만도 못하다고
쥐나
저 달팽이만도 못하다고
개뿔도 없다고

원래 없는 것들도 없어서는 안 된다고 머리통을 쥐어박으며 보이지 않는 마음에도 못을 박네

나는 왜 뿔이 없는가. 멍멍 짖지도 못하는 뿔이 없었으므로 소같이 들이받는 말들에 늘 상처를 입으며 오뉴월 게장같이 소금에 절어 나는 왜 뿔이 없는가. 집게 같은 가위손 같은 엄발 같은 뿔이 나는 왜 없는가. 못된 송아지같이.

뿔은 늘 보이지 않는 곳에서 나를 쥐어박고
뿔은 늘 길을 앞질러 와서 나를 가로막고
뿔은 늘 내 반대편에 서서 나를 비웃으며

이제 원래 없는 것들조차 없어서는 안 된다고 내게는 아주 금지된 것들도 엄발같이 슬금슬금 다가와

정수리에서
등 뒤에서
엉덩짝에서
혀끝에서 빛나는
뿔.

저기, 악어鰐魚가 간다

밥상에도 오르지 못하는
악어鰐魚
악어는 이미 생선이 아니라고
새가 하늘을 버리고 날개를 감추듯
물을 버리고 이빨을 감추네

잠김과 풀림이 아득한 햇살의 강가에서는 혼곤한 낮잠보다 달콤한 죽음도 있다고

쉽게 먹이를 삼키던 큰 입을 감추고
다섯 개의 발가락과 발가락 사이의 물갈퀴를 감추고
슬금슬금 기어올라 이제는 나도 길동무라고
흉물스럽게 헤엄을 치던 아니 냉혈한 무기가 되던 꼬리를 감추고
몸통을 숨기고 비늘을 숨기고

내가 언제 어물전의 생선보다 비린내를 풍긴 적이 있냐고 큰 입을 감추고 꼬리를 살짝 내리며 이제는 나도 물을 떠난 물고기라고 시장바구니 속의 생선보다 무서운 때가 있었냐고 찡긋 눈을 반질반질 귀고리를 팔찌를 목걸이를 흔들며

악어鰐魚가 악어惡魚보다 영악하여서 더러는 짐승도 사람이 되어 묻어나오는 날

저기 종아리를 물고 가는 악어
저기 어깨에 매달려 가는 악어
저기 허리에 감긴 악어
저기 손에 안겨 가는 악어

악어의
눈,눈,눈,눈.

저기, 악어 간다.

개구리를 보았나

내쳐라
비 오는 날 우산도 없는데
연닢에 싼 밥 한 덩이 없는데
어쩌지 혹시 무논에 돌멩이 던져 넣듯
우박이라도 내리면
움쳐 뛰지도 못하고
얘야 감기 들겠다 어쩌지

개구리밥처럼 둥둥 떠다니다가
기침하듯 가을이면 좋겠는데
올챙이는 다 개구리가 된다면
진땀 흘리듯 단풍이 들어도 좋은데
아주 생이빨 앓듯 노을이 져도 괜찮은데
잘도 피하다 뒤꿈치를 물린 듯
폴짝 폴짝 아주 낙엽이 되면 어때
전율하듯 압핀에 꽂혀
알코올에 젖으면 또 어때
개구리가 개구리로서 개구리가 된다면

나는

냄비 안에서 고요히 끓고 있었습니다.
온도에 몸 맡기며 누구도 사랑하지 않았습니다.

계란이 서다

나는 잠자코 알인데
한켠에 밀쳐둔 상자같이
상자 속의 책같이
책장 속의 활자같이
그저 아직은 조용한 생각인데

콜롬부스처럼 어디
너 한번 서 보라고 한쪽 귀퉁이를 찌그러뜨리고
나는 불끈 알이 서는데

저기 미운 놈 간다고 던지고
물러가라, 물러가라 던지고
너가 어쩔 거냐고
밀가루를 뿌리고
확- 나는 계란이 올라올 것 같은데

알이 어쩌구
세계가 어쩌구
껍질을 깨고서야……

확– 나는 뚜껑이 열리고
흰자위가 뭉게뭉게 구름 피어오르고

나는 불끈 계란이 선다.

날개를 달다

갓
알에서 깬 개미누에같이
개미누에의 다리같이
후들거리는 마음같이
지금 나는 다리가 꺾인 풍뎅이네
머리가 반쯤 비틀린 풍뎅이네

붕붕붕 지구를 지고 날 수 있을까요

40억 년 전의 지구도 잠에서 깨어 눈을 뜨네
개미누에같이 나는
단백질 덩어리가 아니라고
끈적거리며
꼬물거리며
꿈을 꾸네

꿈속에서 나비를 만나 나비가 나를 보고, 내가 나비를 보고, 내가 나비를 만난 것이냐, 나비가 나를 만난 것이냐, 이런 비틀린 물음 속에서 나는 답할 수 없다 없다 없다 없다면서도 꼬리를 달고 또 날개를 다네. 우화羽化, 나는 날개를 다네

나는 지구를 지고 날 수 있을까요

우화寓話, ……풍뎅이같이
우화하하하하
날개를 다네.

걷는 새

내가 잊었다고 생각하는 것은
어쩜 내 안에 있기 때문이라고
숨겨둔 말들이
거미줄을 타고 내려와 가끔 내 귓속을 간지럽히고
한 점 얼룩이던 기억들이 또 다른 얼룩을 낳아
이제는 한때의 새였다고 날아다니는 하늘도 만드네

아니야 나는 식물성이야

봄이 되어도 꽃잎을 피우지 못하는 화분들도 있다고
나는 내 안에서 양철지붕 때리는 소나기 소리를
듣지 않네

바람이 자고 심심한 날에도
나는 한 입씩 하늘을 물어 새장에 가두며 늘 아프네

세상은 잠시 괄호로 묶어둔 새장이라고
자주 의심의 눈이 가고
늘 바람이 불었고
등불은 오래 가지 못하네

때로는 기쁜 얼굴로 둥근 달이 떠도 나는 눈을 감은 그믐

늘 푸른 하늘이 아픈 것은
잊지 못한 날개가 아픈 것이라고
한 점 얼룩이 날아와 또 다른 얼룩을 만들며
하늘 가득 새들을 날려 보내도

나는 묵묵 걷네.

게와 같이 걷다

나는 걷는데
왜 옆길로 기냐고
너 자신을 봐라 봐.
나를 저 엄발 속으로 밀어 넣고
대개 세상을 가르친 것은 매였다고
지나가는 물결들도 모두 회초리가 되어
손가락을 치세우면 그럼 나는 이제 엄발인가.
저기 저 바른 수평선을 보라고 바람 풍風 해보라고
돌아서는 등껍질까지 딱딱해진 나에게 말한다.
그럼 저기 저 수평선은 바른가.
옆을 보며 묻는다. 그럼 저 수평선은
평등한가. 그 옆의 옆을 보며 나는 묻는다.
그럼 옆눈을 팔지 말라고 따끔하게 말한다.
누가 저기 옆눈을 파는가. 그 옆의
옆의 옆을 보는 엄발에게 또 묻는다.
아무도 대답하지 않지만 저기 앞을 보라고,
앞을 보고 무소의 뿔처럼 혼자서 가라고
다시 말한다. 그럼 누가 옆길을 가는가.
나는, 나를, 나의, 내게, 나도, 나 역시
그 옆은

그 옆을
그 옆이
그 옆도
그 옆에게
모두 그 옆을 보며 엄발을 단다.
그럼 수평선 같은 나는 어디 있는가.
물음이, 물음에게,
게걸음을 걷는다.

그리운 늑대

한 마리의 늑대를 기다리네 나는
때로는 서림이처럼 헤헤거리며 약아빠진
때로는 꺽정이처럼 훌훌훌 날아다니는
산적山賊 같은 몹쓸 늑대를 기다리네

몇 마리의 양羊을 위하여
초원을 버리고
울타리를 세우고
스스로를 감금한 양치기가
저기, 늑대가 나타났어요
저기, 늑대가 나타났어요
세상을 향하여 고함을 지르듯

나는 한 마리의 늑대를 기다리네
때로는 달빛 아래 혼자 울 줄도 알고
때로는 씨암탉을 노리며 밤새워 귀 세우는
바위산이나 떡갈나무 숲 한 마리 늑대를 기다리네

때때로 외로운 건 저 산山인지 모른다는 생각이 들 때. 세상의 울타리 밖에서 귀 기울이고 서서 누군가 출세간出世間, 흔한

낙서같이 노래를 부를 때. 누에가 고치 밖으로 혹은, 꽃들이 씨방 속으로 금과 벽壁을 넘어 제 속에 뜬 별을 찾아 길을 나설 때.

파블로프의 개

개는 늘 조롱당하고 있었다.
멀리 던져진 공을 물어오면서
쓰다듬는 손길에 목덜미를 내맡기면서
심심해하는 그를 위해 개는
충실히 조롱당하고 있었다.
던진 척 슬쩍 손을 뒤로
돌려 버리는 그에게 또 속아
한 바퀴 잔디밭을 돌아오면서
찾지 못한 공에 대하여 미안해 하면서
그의 흰 손길 아래 조롱당하고 있었다.
이놈은 참 영리한 개야 하고
그가 볼을 톡톡 치면서
그의 이웃에게 소개할 때마다
살래살래 꼬리를 흔들며
고개를 숙이면서 조롱당하고 있었다.
이놈은 족보가 있는 놈일 게야 하고 말하면
아무리 멀리 우거진 숲 속으로 내몰아도
꼭 공을 찾아 그에게 바치며
개는 늘 조롱당하고 있었다.
그의 휘파람이나 호루라기 아래
개는 번번이 조롱당하고 있었다.

에이, 신발끈

우리가 할 수 있는 일이란 늘 그랬다.
급히, 체하지 않을 정도로 아침밥을
급히, 조를 듯 목을 매는 넥타이를
급히, 흔들리며 몸 맡기는 시내버스를
급히, 무시당하기 위하여 멱살을
급히, 용서받기 위하여 손바닥을

먹고급히매고급히타고급히잡히고급히비벼서

그 여자를 구하고
그 여자의 아이를 낳고
그 여자 아이를 키우고
그 여자 아이의 짝을 구하고
그 여자의 아이를 위해 급히 늙는 일
우리가 할 수 있는 일이란 늘 그랬다.

달아나도 풀려서 엉키고
엉켰다 다시 또 풀려서 헝클어지는
에이, 신발끈.

늙은 기타리스트
−파블로 피카소, 1903, 화판유채

말라빠진 목덜미를 쓰다듬네
눈 감으면 노을 지는 밀물이 드는데
허름한 가을의 늙은 햇살은
정강이 아래 검버섯 반점만 키우네
자꾸만 금이 가는 기억의 한 모서리
어디서 줄을 당기나 깨어진 사랑아
가는 허리를 부여안네.

어느날나는동그라미를하나그리고그안에
부리가노란새한마리를키우기로하였습니
다늘적당한모이와물을주면서빨리자라도
록햇살바른곳에두었습니다때로는낱말몇
모금살찐수식어를덤으로주었습니다여러
날이지나고새는이제너무자라서날아다닐.

귀를 막으며
줄 끝에서 우는 상처여
눈 감아도 어둠은 남네
옆구리를 걷어차는 아픈 정강이뼈
내게 또 기다림이 남았느냐 묻네

고개를 떨구면 지는 노을 속에
생각의 이마만 남네.

몽유도원도夢遊桃源圖

사랑은 잡을 수 없는 안개 같아서

몽유夢遊……나는 다시 잠도 오지 않는데
도원桃源……그대는 어디 꽃같이 숨었네

바람이 불고 꽃이 지는데
오지 않는 그대는 어디에서 저무는 노을
나는 돌아오지 않는 새를 기다리는 낡은 둥지
흩어진 꽃잎 같은 약속을 다시금 주워 모아
이제 빈 하늘 새 떼로 날려 보내네
기다림은 바람이라 속없이 차는 풍선 같아서
한 움큼 베갯속을 채워도 다시 오지 않는 봄꿈처럼

몽유夢遊……나는 마냥 꿈속같이 떠도는데
도원桃源……그대는 어디 그림자같이 숨었네

꿈속에서도 또 꿈을 꿀 수 있을까
나는 꽃잎같이 꿈속을 떠돌고
저기 떠도는 것들도 영혼이 있어
때로는 아프고 때로는 눈물겨웁네

몽유夢遊……떠도는 것은 꿈속 같아 꿈을 잃어버리고
도원桃源……피는 봄날은 꽃 같아 꽃을 잃어버리네

그리움에 다시 바람이 불고 봄꿈들만 흩어지네.

다시 세월이 가면

세월이 가면 마침내
이빨은 가고 혀만 남네
밖이 훤히 내다보이는
그 봄날 켄터키 치킨 양념 통닭집
유리창 앞 낡은 탁자에 앉아
날개와 사랑, 혹은 닭발과 현실
뼈와 뼈 사이를 갈라놓으며
혁명과 양념, 케첩과 이념
오도독거리던 그 이빨은 가고
통닭집 네온사인과 내음만 남네
기차는 가고 건널목만 남듯
그 이빨은 가도 혀는 남아서
그 봄날의 그 냄새 그 맛을 잊지 못하네
그 통닭이 알을 낳아서 그 알이
다시 병아리가 되고 병아리가 다시
자라나 어미닭이 되고 통닭이 되어도
그 봄날과 옛맛은 남는 것
그 봄날의 켄터키 양념 통닭에 곁들인
소주 한 병을 잊지 못하지
세월이 가면 그 억센 이빨도 가고

병따개같이 견고하던 이팔청춘도 가고

마침내 혀만 남아서
부드러운 혀만 남아서.

꿈꾸는 세한도歲寒圖

이만하면 족할 걸
소나무 두어 그루쯤 듬직이 세워놓고
그 아래 서너 평 방 칸이나 마련하여
또 한겨울 나면 되지

나는 길고 긴 새끼를 꼬고
아내는 아이에게 젖을 물리며
두런두런 지나간 이야기를 나눈다면
아이는 어느새 잠이 들 테고
꿈같이 또 눈이 내리겠지

아침이면 지나갈 길손들을 위하여
마을 어귀까지 눈을 쓸면서
돌 몇 덩이 성황당 아래 던져 올리면
마음 둘 곳 없는 사람
치성탑도 안 될 텐가

기다리는 이 없어도 안부安否가 그리운 대한大寒 근처近處

뚝뚝 설한송雪寒松 부러지는 소리 들으며

사람 사는 일이라는 게야
하늘이 멀다고 그리 만만한 게 아니다
알면 되지.

시지프의 신화神話

하루를 보낸다는 것은
하루만큼의 지구본을 돌리는 일인 걸
몰라, 아침이면 약수터에서
좋은 아침입니다 인사를 하고
저녁이면 교방동 주공시장에서 만나
찬거리로 무엇이 좋을지 모르겠군요
사금파리 같은 앞니로 웃어 보이는 건데
그걸 몰라, 그리 별날 것도
특별한 것도 없는 키 작은 도토리들이 모여
세상에 메워 놓는 하루란 하루만큼의
구멍 난 풍선에 바람을 채우는 일인 걸 몰라

잔잔한 일상日常의 발바닥에 압정 하나 쿡 찌르며
–끝없이, 끝이 없어–
너절한 빨랫감들을 세탁기에 몰아넣으며
투정을 부리는 아내에게 눈을 흘기며

그래 그걸 몰라, 그걸 몰라
빙 –〈1992, 5, 11〉 지구본을 돌린다
나는.

3부

보리 한 톨

그래,
경상도 토박이다가
깊이 깊이 뿌리내려서 누대에 걸친 가난이다가
보리꽃 피는 왕산들에서는 고봉밥 한 그릇 다 비우고
질경이 명아주 강아지풀 해거름 밟아오는 보리방구이다가
세에노야 세에노야 행랑채 머슴방에선 장기판의 졸이다가
팔쭉이다가, 낮게 낮게 흘러서 또 어디로 떠날 봇물이다가
이 땅의 척박한 어디에선가 살아 썩어져
이 한 몸 썩어져 시퍼렇게 눈을 뜰
보리 한 톨.

경상도 사투리

그래 우리 기쁘게 만날라치면
아이구 문둥이다 툭사발이
마마 곰보자욱의 보리방구다
노름 숭년의 장리쌀 야반도주도
삼사 년 기별 없다 돌아온 딸년도
취발이 곰배팔이 얼싸안으며
이 망할 것아 한마디 툭 던지면
소나기 한마당 시원하게 약 되듯이
찬밥에 땀 흘리는 풋고추도
오뉴월 막장에 배부른 악담도
아이구 문둥아 문둥아 달려오며는
보라 비개인 두척의 청정한 솔잎파리 하나
맺힌 물방울들을 썩 걷어치우는 것을
보라 우리가 저 산같이 성큼 다가서
서로 문드러지도록 맞부빌 수 있다면
청보리면 어떠랴 문둥이면 어떠랴
해방둥이 김 서방이 짐 서방이 되어도
동란둥이 최 서방이 치 서방이 되어도
취발이 언청이 문둥이라도 좋을
우리말이여, 경상도 사투리여

그래 우리 기쁘게 만날라치면
아이구 문둥이다, 툭사발이
마마 곰보자욱의 보리방구다.

새마을의 크리스마스

우리에게도 크리스마스가 있었나니
보라 새마을의 앰프에서 울려나오는 성탄절의 노래
생생한 하느님의 나라가 되어
마을 구판장 녹색지붕 위에 잠시 머물다
징글벨 징글벨 구주 오신 밤에 떠오르는 십자성을
간간히 영화장면 같은 종소리를 땡 땡 울리다
군인이 되지 못한 방위병들의 짧은 머리칼을 일으키며
다시 징글벨 징글벨 또 다른 부대낌으로 달아오르고
젊은 우리는 싸전을 지나 변두리 다방의 늙은 레지를 찾는다
아 지방농림직 구급공무원을 위하여
이 나라의 하느님이 주신 공휴일
첫 눈은 더 깊은 의미를 찾아 온 벌판으로 나린다
따뜻한 겨울이 되기 위하여
연말의 보너스로 백 장 연탄을 들이는
유동형님의 노오란 월급봉투 위로
가난한 한 해를 구원하며 흐트러짐 없이 눈이 쌓인다
하느님의 아들 딸들의 나라가 되자 세월이 좋아
더 넓은 길은 영남으로 호남으로 끝없이 달려가고
그 넓은 길로 떠나간 처녀들은 구주 오신 날의
십이월을 며칠 남겨두고 화장기 짙은 부츠를 신고 돌아왔다

잔기침과 깍두기 몇 낱으로 모이는 노인들의 경로당
그 옆의 간이매점 외상장부 같은 달력을
아 셈하지 말아라 서른을 넘긴 지방농림직
구급공무원의 나이를 셈하지 말아라
새마을 앰프에서는 더 크게 징글벨 징글벨
구주 오신 날의 하루 천국이 되어
이 땅의 젊은이들이 모두 취하고
왼종일 탁한 막걸리로 흐려 있어도
보라 우리에게도 크리스마스가 있었나니
새마을의 앰프에서 흘러나오는 징 징 징글벨
징글벨 소리.

새마을회관의 흑백 테레비

밤이면 우리는 왜 몇 마리의 빛나는 야광충이 되지
푸른 나라 푸른 들의 마을 어귀 새마을회관
흑백 테레비 앞으로 분연히 날아들지
혼자 잠들 수 없는 땀띠 난 칠월의 저녁
혹은 우리들이 닿아야 할 불 밝은 나라를 찾아
철없는 불나방이 되지
날아들어도 갈 곳 없는
흑.백.의.세.계.
알면서 왜 알면서 일일 연속극의
슬픈 주인공이나 꿈꾸지
이별이 서러운 춘향이를 위하여
쇠돈짝 마패 하나로 찾아온
당당한 이 땅의 이 도령을 위하여
태극형 부채를 흔들어주기나 하지
잠시 잠시 달콤한 졸음에 끄덕이기나 하지
어딘가 우리가 닿아야 할 나라
불 밝은 세계를 찾아도 아직 우리가 가진 건
땀띠 난 칠월의 저녁뿐, 꿈꾸어도 우리는 이미 슬프다
알면서도 왜 알면서도 그 잡놈의 하루살이 떼
모기 떼를 쫓으며 밤이면 밤마다
몇 마리의 불나방이 되지.

보리개떡을 먹으며

플라타너스의 마른버짐을 보며
나는 국민학교 오 학년이었다
선생님은 분식을 해야 한다고
흑판을 탕탕 치시며 강조하셨지만
운동장 저쪽의 미루나무 잎사귀들은
넋을 놓고 졸고 있었다
4교시를 마치면 볕이 잘 드는 창가에서
반 동무들은 도시락을 풀고 제각기의
젓가락 소리를 내며 자주 밥알들을 튕겨내지만
풀기 없는 나는 언제나 보리개떡이었다
늦잠 든 나를 깨우며 어머니께선
저 미루나무처럼 당당하라고 하셨지만
철없는 아이들은 굴뚝새 한 마리에도 곧잘 웃었고
나는 언제나 머리카락 보일라
꼭꼭 숨어라 플라타너스 등 뒤에서
목이 메었다 화단을 빙 돌아 급수대에서
한 바가지의 샘물을 길어 마셔도
갈 곳 없는 점심시간이 너무 길었다
플라타너스 그늘 아래 부끄러운 이름을 달아매면서
무엇을 할 것인가 마른버짐을 보며
달랑 달랑 불알 두 쪽이 부끄러웠다.

서른 살의 박봉씨

–누구를 만난다는 것은 괴롭다

누구를 만난다는 것은 괴롭다
봉급날이 가까운 하오
–오랜만이군 친구–
가볍게 어깨를 짚으며 걸려오는
전화는 두렵다
–그동안 잘 지냈는가–
짤랑짤랑 토큰 소리를 내며
–아하! 만나야지 그럼–
가볍게 약속은 하여도
짧은 소매의 가을빛에 내보이는
–그럼, 거기서 만나세 허허!–
빈약한 웃음은 괴롭다
찻값을 내어야 할 적당한 시간이 오면
종종 구두끈이 풀리고
술집을 나설 때쯤이면
언제나 오줌이 마려운
이런 날의 만남은 두렵다
–저런, 계산은 내가 할 텐데–
벌써 친구는 저만큼 앞서 가고
–다음에는 내가 냄세–

정말,
누구를 만난다는 것은 괴롭다.

서른 살의 박봉씨
-기념사진첩

나는 없다
가끔 생각은 해보지만
흑백사진 하나가 없다
나의 어머님께서도 남들처럼
후루룩 후루룩 미역국을 드셨을 텐데
정말, 남들처럼
그 잘생긴 놈 하나 덜렁 내놓고
백일기념, 혹은 첫돐기념
흑백사진 하나가 없다
연필을 쥐었는지
명주실을 쥐었는지
-그놈 참 명은 길겠다-
하시는 할머님의 말씀이 없다
일구육일칠공육
흑백사진 하나가 없다.

서른 살의 박봉씨
—포장마차여 영원하라

애인愛人과 냄비우동을 위하여
단돈 천 원의 넉넉함을 위하여
포장마차여 영원하라
찬바람이 잦은 우리의 겨울
저 바람막이의 오뎅 국물을 봐라
낯선 만남이 있어 술잔을 나누어도
손 흔들면 쉽게 잊혀지는 안온함
김밥처럼 말려가는 세상에서
얼마나 넉넉한 나라냐
삼백 원 우동의 따뜻한 새참에
후루룩 후루룩 국물을 들이키면
첫 눈이 온다. 펄펄 김을 날리며
애인愛人은 흰 가락으로 흩어져
늘 내 알 수 없는 그리움으로 휘감아 오나니
자주 자주 술병으로 쓰러지는 젊은 날의 봄꿈에도
소주 한 병이면 넉넉한
포장마차여 영원하라
단 한 번의 평등한 건배와
그 취기로운 자유를 위하여
애인愛人과 냄비우동을 위하여.

서른 살의 박봉씨
ㅡ첫 눈, 혹은 세모에 대하여

몇 가닥의 새치를 기르며 늙어가겠다
첫 눈을 맞으며 외투 깃을 세우고
ㅡ사랑의 아픔 따위는 통속적이다ㅡ
거짓말하지 않으며
살이 부러진
비닐우산을 함께 받으며
울고 싶은 사람이 있다면
함께 울어주며 밤새우겠다
그래,
한두 송이의 눈발을 맞으며
가만히 눈감아 생각해보면
세상에 그럴듯한 사연 하나 간직하지 못한 사람이
어디 있으랴 저토록 눈은 내리고
잊혀진 사람들의 이름을 외우다 되돌아보면
아 날은 저물어 쓰러진 눈발같이
세상은 다시 아득하구나, 목숨까지
눈발로 휘날리다 눈발로 내려앉는 것을
왜 이다지도 죄는 깊어서
가슴가슴 자국으로 남아있으니
저 눈으로 지워지길 바라고 있으니

첫 눈의 낭만 같은 것 이제 없구나
지나온 것들은 다 아름답다는데
나는 부끄러이 외투 깃을 세우고
고개 숙이면 다시 아득하여서
몇 가닥 새치나 기르며 늙어가겠다.

서른 살의 박봉씨
—요즈음, 막걸리를 마시면

막걸리를 마시면 고향이 그립다
지게목발 싱싱한 가락으로 장단을 맞추며
저물어도 풋꼴 한 짐이면 넉넉하던 노을
지금도 술잔 위에 출렁이는데
한 점 깍두기를 집을 사이도 없이
세상은 모두 제 흥에 겨워서
어서어서 부르세요 쿵자자작작
돌아와요 부산항에 청해오는데
술은 왜 이리도 빨리 오르냐
짝하니 나누어진 소독저를 들고
지금은 고작 술상이나 두들기는데
희망가나 부르며 눈물겨운데
투박한 손들의 어미 아비들
어미소같이 편안하실까
지게목발 지게목발 생각하며는
새봄은 어물리들을 넘치게 넘치게
화왕산도 중턱까지 차올라와서
바지랭이 가득하게 참꽃이 일렁이는데
오늘은 노을도 넉넉한 취기에 흥이 겨워서
월급쟁이 소심한 때를 벗고서

술상을 두들기며 막걸리를 마셔도
어른어른 고향이 떠오르며는
목매인 노래조차 되지 않는 요즈음
나는 지게목발 나는 지게목발.

서른 살의 박봉씨
—삶, 구두 한 켤레

내 육신은 무슨 쇠로 만들었길래
밟히고 닳힘이 이다지도 대단하냐
오뉴월 하루, 땀에 젖은 일과를 벗고
아직도 더운 석양 무렵의 땅바닥에 몸을 누이면
아아 어디쯤에서 우리가 닿아야 할
빛나는 마을의 어귀가 보일까
또 아침이 밝으면 어제의 먼지를 털고
깨끗이 빛나는 얼굴로 광택도 내어보지만
율도국으로 떠난 길동이는 돌아오지 않는다
세상이 바뀌어도 크고 작은 돌멩이들은
이 산 저 들에서 여전히 길을 막고
신기료를 찾아서 낡은 뒷굽을 갈아도 보지만
위 덩더둥셩 태평성대
다같이 평등한 세상은 어디에도 없었다
온 산에 철쭉이 피어도
때 맞춰 구절초가 져도
날이 새면 내가 가야 할 길은 끝없는 구절양장.

서른 살의 박봉씨
—삶, 편지

진정 내가 가야 할 길이라면
그 길 조금도 후회하지 않겠다
우표를 붙이고 주소를 적고
총총히 내가 가야 할 우편번호를 따라
내 닿아야 할 그곳 기쁘게 가서 닿겠다
먼 훗날 또는 가까운 장래
혹시나 하는 염려가 뒤따르더라도
결코 뒤돌아보며 한숨짓지 않겠다
먼 길을 가다 때로는 외지고 험난하여
간혹 알지 못할 서러움에 잠길지라도
진정 내가 가야 할 길이라면
지극히 평온한 얼굴로 그에게로 가겠다
문득 문득
내가 가 닿아야 할 그곳에서
조그마한 기쁨이라도 되었으면 하고 꿈꾸며.

서른 살의 박봉씨
—물금勿禁

물금勿禁에 가서 살고 싶다
조성기의 「통도사 가는 길」을 읽으며
하지 말아라 금禁하지 않는
물금勿禁에 가 살고 싶다
법法의 이름으로
선생의 이름으로
아버지의 이름으로
하느님의 이름으로
……하지 말아라
그리고……하지 말아라
듣고 살아오면서 어느덧 서른
선생이 되어서 다시 아이들에게
아버지가 되어서 아이들에게
……하지 말아라
……하지 말아라
……하지 말아라
그리고 다시……하지 말아라
가르치며, 강요하며 육칠 년
조성기의 소설을 읽으며
가보지 못한 땅, 지명을 그리워하며

이젠 물금勿禁에 가서 살고 싶다
다시는 무엇을 하지 말라 말하지 않으며
금禁하지 않으며, 물금勿禁으로
물금勿禁에서 살고 싶다.

찬밥

아이를 가지고 입맛이 없다는
아내를 위하여 찬밥 한 그릇을 말아
멸치 몇 마리와 함께 들여온 나는
온갖 너스레를 다 떤다
내 유년의 고향 얘기며
풋고추며 양파며 된장이며
마늘종다리 장아찌까지 들먹이며
이 여름 쉬 말은 찬밥 한 덩이가 얼마나 맛나는 별미인지를

그러나 아내여
눈웃음치며 게눈 감추듯
찬밥 한 그릇을 먹어치우며 생각해보면
찬밥이 어찌 밥이 차다는 뜻뿐이랴
내가 세상에 나와 오로지 굽실거리며
아양 떨며 내 받아온 눈치며 수모
그 모두 찬밥인 것을

아내는 아직도 입맛을 다시며
재미있다고 깔깔거리고 박수를 치고
제가 배웠던 고등학교 교과서 그 낭만적인

김소운과 가난한 날의 행복 한 구절을 떠올리며
정말, 우리는 늙어서 할 얘기꺼리가 많겠다고
스스로 결론까지 짓는 아내 앞에서 더욱
너스레를 떨며 아양을 떠는 나는 누구냐.

가랑비 촉촉이 속으로 젖어드는
찬밥 한 그릇.

허생虛生

나이 사십이 다 되도록 집 한 칸 없이
달팽이같이 떠돌아다니며 돈 안 되는
시 나부랭이나 끄적거리는 나에게
아내는 늘 적자투성이인
낡은 가계부를 코밑에다 들이밀고

당신은 평생 과거科擧를 보지 않으니 글을 읽어 무엇합니까?

허생許生은 웃으며 대답했다.

나는 아직 독서를 익숙히 하지 못하였소.

그럼 장인바치 일이라도 못하시나요?

장인바치 일은 본래 배우지 않았는 걸 어떻게 하겠소.

그럼 장사는 못하시나요?

장사는 밑천이 없는 걸 어떻게 하겠소.

처는 왈칵 성을 내며 소리쳤다.

밤낮으로 글을 읽더니 기껏 어떻게 하겠소 소리만 배웠단 말씀이오.

장인바치 일을 못한다. 장사도 못한다면 도둑질이라도 못하시나요?

아아 잘못 쏘아진 화살이여.
빗나간 과녁이여.

산. 별곡청산別曲靑山

산에 가서 무얼 할까 그들
저기 저렇게 산들이
산들이 되짚어 내려오는데
꺽정이 길산이도 내려오는데
다들 산에 가서 무얼 할까
이제는 신령한 지팡이도 없는
저 심심한 산
저 산에 가서 무얼 할까 그들
얄리 얄리 얄라셩 올라가
멀위 다래 무얼 할까 그들
다들 산에서 산 간다는데
산 가서 그들 무얼 할까
꺽정이도 길산이도 없어
하다못해
신나는 산적山賊 한 놈 없어
저 심심해진 산
얄라리 얄라 내려오는데
저 산이 되짚어 내려오는데.

밤. 별곡청산別曲青山

적소謫所야 네 이놈
이제는 네놈 차례다
내 한 몸 잠들면 이제 그 뿐
새 한 마리 날아들지 않는 이 적막
맛 보거라 이놈 적소謫所야
그 긴 긴 날
네가 나를 가두었던
저 벽壁과 벽壁 사이
유폐와 유폐 사이
곰보같이 얽었을
내 그리움과 기다림의 소금을
맛 보거라 이놈
이제 잠들면 나는 그 뿐
소태 같은 외로움 맛 보거라
네 이놈
네 이놈 적소謫所야

봄을 굽다

가령 친구 세 명이 우연히 만났다 치자
오랜만에 선술집에 앉았다 치자
술이 한 순배쯤 돌았다 치자
석쇠 위의 고등어들을 대가리, 몸통, 꼬랑지
이렇게 굽고 있었다고 치자
혹은 개혁적인 고갈비로
혹은 보수적인 고갈비로
혹은 개혁보수나 보수개혁적으로 굽고 있었다 치자
어떻게 익어갈까 생각하고 있었다고 치자

또 술판에 둘러앉은 세 사람이 좀 취했다 치자
혹은 혁명과 개혁을 외치며 취했다 치자
혹은 보수 우익으로 취했다 치자
어쩌면 다른 한 사람은 자신이 개혁보수인지
보수개혁인지 갸우뚱거리며 대가리나 몸통
혹은 꼬랑지를 안주 삼아 술을
쭉--- 들이킨다 치자

이때 선술집 마루 밑의 강아지도
어느 쪽이 내 몫일까 꿈꿀 때

노릿노릿
문득 왔다 가는 춘삼월.

화살

적敵들은 어디에서나 날아온다
온 봄날의 화살이 되어
마구잡이로 ↓↓↓↓↓↓
슛슛슛 내리꽂히고
내가 잠시 한눈을 파는 사이
동東에서 →→→→
서西에서 ←←←←
혹은, 남南에서 북北에서

고양이처럼
들쥐처럼 영악하게
잠시 잠깐의 틈바구니를 헤치고
적敵들은 몰려온다

때로는 목련꽃잎에 내리는 봄햇살처럼 아늑하게
때로는 부용꽃잎에 내리는 빗줄기처럼 요란하게
별빛처럼 차갑게

적敵들은 아무 예고도 없이 날아온다
혹은, 불기둥으로

혹은, 구름기둥으로
신성神聖한 증언證言도 없이 마구잡이로
↓ ↓ ↓ ↓ ↓ ↓
↓ ↓ ↓ ↓ ↓ ↓
슷슷슷 슷슷슷 온다.

바늘귀

생활의 때가 꼬질꼬질한 손수건에서
비둘기를 꺼내는 마술사처럼 지전紙錢 몇 장
할머니 가는귀 엿듣네

구경꾼도 몇 안 되는 시골장터

아버지는 낙타를 타고 바늘귀 속으로 들어가
먼 아라비아 사막의 노가다 십장
야자수 한 그루
모래등의 배경사진에 박혀
돌아와 돌아와 듣지 못하고

막내는 자주 체하여 손등을 따네

서늘한 손바닥으로 등을 쓸어주시던 어머니
생활의 터진 솔기 사이를 기우며
저기 나무 송松 하면 한 마리 학이 내려와 앉고
저기 꽃 화花 하면 모란꽃 위로 긴꼬리명주나비 한 쌍

나는
간혹, 어머니의 한숨 못 들은 척하네.

4부

소금밭
—목욕탕 가는 남자

삶의 바닥은 늘 염전鹽田이다
발자국마다 고이는 시간의 간수
얼금뱅이 곰보 왕소금
헉헉 나는 목마른 낙타같이 숨이 차
사막의 모래등 같은 혹 떼어버리고 싶지만
쌍봉같이 짊어지고 가야 할 내 생애의 소금가마니
달마의 눈꺼풀같이 훽 떼어 던져버리지 못한다
끝끝내 던져버리지 못한다. 그래서
저 소금장수의 짚신같이 늘 간수가 흐르는
내 삶의 바닥은 늘 염전鹽田이다.

오오 저 마흔 몇 해
잘 저린 자반고등어 한 마리.

나는
—목욕탕 가는 남자

소서小暑쯤이거나 대서大暑쯤이거나 아무튼 한참 더운 여름날 시원히 국수 한 그릇 잘 말아먹고도 뜬금없이 나는 뭐냐고 대드는 아내에게 눈 동그랗게 뜨는 아내에게 나는 그래 미안타 미안타 하면서 돌아앉아 생각하니 그럼 나는 무어냐 할아버지 아버지보다 나를 더 사랑하신 할머니 앞에서는 늘 우리 장손이었고 (그게 난가) 동생들 앞에서는 늘 큰형이었고 (그게 난가) 학교에서는 아이들 앞에 늘 우리 선생님이었고 (그게 난가) 우리 아이들 앞에서는 늘 우리 아빠였고 (그게 난가) 당신은 직장도 있고 시詩도 쓰고 어쩌고 하는 그래 당신 앞에서는 늘 남편이었고 (그게 난가) 아 나는 무엇인가.

내 이제 한 깨달음 닿았느니 생각해 보면 내 땀 흘린 한나절 뜨거운 돼지국밥을 한 그릇 먹고 나면 나는 한동안 돼지국밥이었느니 조금 서늘한 저녁 시원히 피서避暑같이 들이킨 500cc 생맥주로 나는 또 한동안 생맥주였느니 입가심으로 먹은 사과이거나 방울토마토이거나 명태포 오징어 안주였느니 그러다 나는 조금 많이 마신 술을 토하고 나면 저녁밥이었고 그것마저 토해내고 나면 남편이었고 아빠였고 선생님이었고 큰형이었고 장손이었는데 아직 나는 다 토해내지 못하여 아 나는 무엇인가 나도 괴로운데 참 나는 무어냐

이 시답잖은 시
이 시답잖은 의문
살을 가르고 뼈를 가르고 피를 가르는 짓
이 시답잖은 짓거리 참 나는 무어냐

돼지국밥을 위한 기도
—목욕탕 가는 남자

나는 이런 사람이 되게 하여 주소서
삼천 원짜리 돼지국밥 앞에서도 감사의 기도를 올리며
참 맛있겠다고 입맛을 다시며 눈웃음을 칠 수 있는 사람
내 앞의 사람에게 고기 한 점이라도 더 권할 수 있는 사람
새우젓을 권하며 돌아가신 할아버지께서 참 좋아하셨다고
아주 오래된 전설을 애기하듯 말할 수 있는 사람
내 앞자리 어른의 좀 길다 싶은 잔소리도
아직은 들을 만하다고 돼지국밥 한 그릇 잘 먹은 사람처럼
다 듣고도 한 오 분쯤 더 땀 흘릴 수 있는 사람이 되게 하여 주소서
오뉴월 한중의 날에도 국밥 한 그릇을 잘 먹고 나면
삼복쯤은 아무것도 아니라고 손수건을 꺼내어 이마의 땀을 닦고
얼음조각이 둥둥 뜨는 냉수 한 컵 잘 마신 것처럼
강바람이 불듯 시원히 웃을 수 있는 사람
내 아들과도 다시 오고 싶다고 주인에게 인사할 줄 아는 사람
국물 한 방울 남기지 않은 빈 그릇을 미안해하며
너무 맛있었다고 값을 치루면서도 감사해하는 사람
돼지국밥에게도 신성함이 있다고 생각하는 사람이 되게 하소서.

그보담도 더
돼지국밥 한 그릇만큼이라도
남에게 넉넉한 사람 되게 하소서.

발톱을 깎으며

―목욕탕 가는 남자

발톱을 깎네
아주 낯익은 친구를 대하듯
고개를 숙여 천천히 발톱을 깎네
왜 이렇게 뒤틀렸냐 물으며
아주 어린 새순을 다루듯 조심조심하면서
내 지나온 길들의 외지고 험난한 길들을 깎네
아주 괜찮은 날들도 있지 않았나 달래며
발톱을 깎네 아주 잊지는 않았다고
내가 모른 척하고 싶어서가 아니라고
오랜만에 만나니 더 반갑다고
그동안 잘 지내줘서 고맙다고
농우소의 등을 쓰다듬듯
부드럽게 어루만지며 발톱을 깎네
이젠 찌그러져 반달도 되지 못하는
저문 하현달
발톱을 깎네.

뫼비우스의 띠
ㅡ목욕탕 가는 남자

모든 것이 선입관 때문이라고
속 깊은 그의 안이 말했다
결코 겉으로 드러내진 않았지만
푸른 눈빛이 그렇게 말했다
아니야, 아니야, 아니라고
그의 바깥이 안으로 고개를 저었다.
모든 것이 흔히 말하는 소심함 때문이라고
그의 안이 다시 말하고 있었다
그러나 다시 그게 아니야, 아니라고
그의 바깥이 여전히 고개를 저었다
그의 바깥은 그의 안이 안이한 생각을 한다고
그의 안을 알 수 없다고 말했다
그의 안은 그 안에 있는 동안에는
결코 그의 바깥을 알 수 없을 거라고 말했다
그렇게
오랫동안 그의 안과
그의 바깥이 다투었다

한참을 흘리는 땀.

불혹不惑

흔들리지 않아서
그 무엇에도 흔들리지 않아서
한 그루 소나무 옆의 바위처럼 조용히 누울 와臥
개울가에서 발 담그면 고요히 흐를 유流
수풀 사이에 몸 숨기면 들꽃 옆의 나비 접蝶
새벽 강가에 서면 곱게 가라앉은 물안개 같아서
……불혹不惑……
들녘에선 한 촌로나
촌로의 낫 아래 베어진 벼 밑둥 같아서
그저 그러하여서
한 점 미혹됨이 없는 시詩여야겠는데

낙락장송 옆에서도 이미 학이 떠난 빈 둥지같이 빌 공空
개울가에서는 피래미나 송사리같이 깜짝 놀라 달아날 주走
수풀 사이에선 또 이미 볼품없이 시든 꽃 추할 추醜
새벽 강가에선 머저리같이 흔들리는 갈대처럼 꺾어질 좌挫
저 들녘에선 흔들리는 허수아비
장바닥을 뒹구는 널브러진 호미
혹은 괭이자루
밑창 떨어진 헌 짚신짝

배추뿌리나 무꼬랑지 같은
시인詩人이여.

까마귀가 쌓이다

장난과 눈과 눈덩이를 나는 잊네
내가 던진 돌들에 대해 나는 잊네
내가 던진 돌들이 가 닿은 곳에 대하여 잊네
개구리와 웅덩이와 마음에 대하여 나는 잊네

동백이 떨어진 것을 잊고
동백이 떨어진 자리를 잊고
동백이 떨어져
이월이 가고 삼월이 간 그늘을 잊네

그늘 속에서 아직 겨울을 보내지 못한 까마귀들이
보리밭에 모여 보리들의 싹을 틔우며 기다리던 시간을 잊고
다가올 봄날에 대한 이야기들을 나는 잊네
내가 던졌던 눈덩이처럼 녹은 헛된 마음들
나는 까맣게 까마귀처럼 잊네

내가 언제 허튼 마음을 던졌느냐고
다시 눈덩이를 뭉쳐들고
내가 던진 마음의 시간을 나는 잊네
던지지 못한 눈덩이들이 쌓여있는 벌판을 잊네

내가 잊었던 마음의 시간들 이제 문득 되돌아와
누구를 향해 던졌든가
나의 허튼 마음들을 만나네
내던지거나 채 던지지 못한
사랑의 복숭아씨 같은.

파적破寂

나는 이제 막 돌아왔다.

아주 고요하여 고요가 물동이처럼 가득 고여서 여름의 한낮처럼 가라앉아 너무 가라앉아 푹 퍼질러 앉은 구름 속에서 그래 비를 발견하고 문득 빗속에서 구름을 보는 아주 잘 정돈된 풍경 속에서 무엇인가 적막한 하오의 교실 유리창을 깨뜨리고 싶은 내 속에서 슬그머니 나타난 고양이 한 마리같이 풍경을 흔드는 마음 병아리를 물고 달아나는 고양이같이 혼비백산하는 병아리같이 당황하는 암탉같이 병아리를 빼앗기지 않으려는 늙은이와 같이 흔드는 저것

동해의 명태들이 바다의 비린 속들을 다 걷어내고 산으로 왔다
명란젓 창란젓 비린 것들은 다 걷어내고 눈을 밟고 고드름과 고요와 함께 왔다
지금 막 강원도 인제군 북면 용대리 황태덕장으로 왔다
저렇게 빈 가슴으로 겨울 한철 얼었다 녹았다
낡은 가죽같이 질긴 고요를 견뎌내며
일천 일만의 황태들이 하늘로 날아올라 가는 풍경
바다와 하늘이 하나 되어 개벽

저기 승천하는 부처들같이

물수제비 뜨듯 새 한 마리 고요의 자락을 스치고 지나간다.
겨울이라 모두 입들이 무거워진 것들 아무 말 없는 것들이
저 빈 것들에게서 채워져 꽉 찬 고요 꽉 찬 포만감
숨이 멎을 듯 답답한 풍선 펑 터지며

나는 이제 막 돌아왔다.

장진주사將進酒辭

살구꽃 피면 한 잔하고 복숭아꽃 피면 한 잔하고 애잔하기가 첫 사랑 옷자락 같은 진달래 피면 한 잔하고 명자꽃 피면 이사 간 옆집 명자 생각난다고 한 잔하고 세모시 적삼에 연적 같은 저 젖 봐라 목련이 핀다고 한 잔하고 진다고 한 잔하고 삼백예순날의 기다림 끝에 영랑의 모란이 진다고 한 잔하고 남도南道의 뱃사공 입맛에 도다리 맛 들면 한 잔하고 봄 다 갔다고 한 잔하고 여름 온다 한 잔하고 초복 다름 한다고 한 잔하고 삼복 지난다고 한 잔하고 국화꽃 피면 한 잔하고 기울고 스러짐이 제 마음 같다고 한가위 달 보고 한 잔하고 단풍 보러 간다고 한 잔하고 개천開天은 개벽開闢이라 하늘 열린다고 한잔하고 입동立冬 소설小雪에 첫 눈 온다고 한 잔하고 아직도 나는 젊다고 한 잔하고 아랫목에 뒹굴다 옛시詩를 읽으며 한 잔하고 신명神明 대접한다고 한 잔하고 나이 한 살 더 먹었다고 한 잔하고 또 한 잔하고 그런데

그런데
우리 이렇게 상갓집에서나 만나야 쓰겠냐고
선배님께 꾸중 들으며 한 잔하고

아직도 꽃 보면 반갑고

잔 잡으니 웃음 난다고
반 너머 기울어진 절름발이 하현달.

어이가 없다

나는 이제 사막이다.
늘 나와 함께하던 어이가 없다.
〈어이〉 하면 달려와 주던 어이가 없어졌다.
〈어이〉 하고 물을 청하면 쪼로롱 달려와 물이 되어주던
〈어이〉 하고 담배를 물면 내게 달려와 재떨이가 되어주던
이제 그 〈어이〉가 없어졌다.
밥을 먹을 때면 숟가락을 들고
〈어이〉 하면 따뜻한 국이
〈어이〉 하면 입 가실 물이
〈어이〉 하면 내 마음까지 귀 기울이던
이제 그 〈어이〉는 없다.
이제 그 〈어이〉는 어디 갔을까
나는 이제 어이없는 사막이다
모래 든 입으로 수없이 〈어이〉 〈어이〉
마른 입술로 하루에도 몇 번씩 〈어이〉
되뇌어보지만
이제 그 〈어이〉는 없다.

〈어이〉 하면 다 되던
오오 나의 지니 〈어이〉
이제는 없는 나의 램프 요정 〈어이〉.

청학재淸鶴齋시편
―호랑이 가죽

어쩌지, 연화당 아씨였던 우리 어머니 한평생 논 갈고 밭 갈아서 아들 삼 형제 재실齋室 상기둥같이 키워놓고도 호피虎皮방석은 커녕 개가죽 방석에도 앉을 여가 없이 동동동 아직도 바쁘기만 한데. 어쩌지, 연꽃 같던 어머니 얼굴에 벌써 호반무늬 새기셨네. 아아 어쩌지, 어머니 한평생 어쩌면 아들 호피방석에 한 번 앉히려고 짚방석에도 제대로 못 앉으셨는데 이제 어머니 스스로 호피방석이 되셨네. 아아 어쩌지, 어머니의 한恨이 문신文身같이 새겨져 나는 어쩌지. 너도 가슴에 원추리꽃 같은 거 하나 제대로 심어놓았니? 묻는데 나는 어쩌지. 아직 입춘立春 파종播種도 못했는데 어쩌지. 어머니 벌써 호피방석을 깔아놓으셨는데 어쩌지.

아주 내 가까이에서
걸어서 길을 만들고
끝내 그 끝으로 걸어가 길이 된 사람
호랑이 가죽이 된 사람
어쩌지.

청학재淸鶴齋시편
—씨암탉 한 마리

할머니 오랜만에 닭 한 마리 잡는데 무슨 큰 황소나 한 마리 잡듯 분주한데 늦잠에서 갓 깬 나는 무슨 일인지 모르고 겁먹은 황소 눈알같이 두리번거리는데 키가 작은 할머니는 종종걸음으로 부엌으로 우물로 봄날 병아리같이 바빠 힐끗 잠시 나를 본 듯 얘야 모산할배 오시래라 광산할배 오시래라 모산할매도 오시래라 합산아지매도 오시래라 온 동네 노인들을 부르시는데 나도 동생들도 멋모르고 신이 나서 모산할배요 아침 자시로 우리 집에 오시래요 아침 이른 골목을 뛰어다니는데 그새 할머니는 씨암탉 한 마리로 서 말찌 가마솥 가득 닭국을 끓여서 척척 오시는 분마다 한 그릇씩 대접하시는데 어르신들께선 그 국물만 멀건 닭국 한 그릇 후딱 해치우시곤 그 참 대접 잘 받았다고들 수인사를 하시며 곰방대 한 대씩 물고 나오시는데 온 동네 어르신 다 나눠 먹고도 그 닭국은 한 그릇이 남았었는데 할머니는 어디서 구했을까 그렇게 큰 닭 한 마리

고향 집의 감나무
까치밥이 빨갛게 익어 갈 무렵이면
지금도 내 머릿속엔 씨암탉 한 마리
구구 구구 구구구 돌아다니는데
이리 온 이리 온 종종걸음에
아주 키가 작았던 할머니.

청학재淸鶴齋시편
―청명淸明

청명淸明에 웬 비가 사돈댁 큰손님같이 조용히도 온다며 초가집 처마 밑에서 나는 뒤란의 대 죽순竹筍 자라는 소리를 듣고 마당의 닭들은 촉촉이도 젖어 모내기를 하다 참 가지러 온 남지댁 꼴을 하곤 댓닢을 그리며 돌아다닌다. 오랜 대추나무같이 늙으신 사랑의 할아버지 곰방대를 톡톡 털다가도 생쥐같이 귀가 밝아져 우우 터줏대감 능구렁이의 울음소리도 알아듣곤 야야 이게 무신 소린고 닭발같이 꼬꼬 마른 손주를 불러 앉히고 한식寒食이 낼인가 모렌가 증조모 산소 걱정을 다하시며 기억도 청명해져서 어흠어흠 목청을 틔우다 일 년 이십사절후二十四節候를 한 번 쭉 외워 보시고는 철을 알아야 한다며 철없는 아들 걱정을 다 하신다.

아마 한 이천 년도 전부터
다음 한 이천 년도 더 후까지
자자손손子子孫孫들
두루두루 수명복록壽命福祿 다 붙이시며
자주 먼 곳을 보시던 할아버지.

청학재淸鶴齋시편
—제미祭米

참 우리 동네는 재미나는 도깨비이야기만큼이나 참 많은 신神들도 함께 살아서 사람 반 신명神冥 반 어울려 살았는데요 그래서 늘 밥 한 술만 떠도 고씨례 고씨례 하고 신명 대접을 하곤 했는데요 무슨 무슨 날이다 하면 한 상 잘 차려서 터줏대감 조왕신 정랑신까지 골고루 찾곤했는데요 그 중 내가 제일 좋아하던 날이 제미祭米를 하던 날이었는데요 쌀신명 대접한다고 흰쌀밥에 칼치국에 나물 한 대접을 놓고 먼저 절을 두 번 하고 손을 싹싹 빌면서 할머니께서 무어라 무어라 주문呪文을 외면 나는 아무런 의미도 모르면서 분수처럼 마구 흥이 솟지 않았겠어요 제사祭祀가 끝나면 쌀밥에 칼치국을 아주 소원처럼 먹을 욕심으로 나도 할머니 따라 싹싹 빌곤 하지 않았겠어요 그러고 며칠 지나지도 않아서 마음이나 속이 허한 날이면 봄도 여름도 없이 할매 우리 또 언제 제미祭米하노 묻곤 하지 않았겠어요 그러면 할머니는 그래 그래 좀 있다가 그러면 금방 참 시원한 칼치국물이 목을 타고 시원히 내려가곤 하지 않았겠어요 참 쌀밥 한 그릇에도 천지신명을 다 담았던 키가 작아 더 커 보였던 할머니.

지금도 내게는 봄바람처럼
할머니 신명이 늘 불어와

아이구 우리 장손 하며 머릴 쓰다듬고
나는 깜짝 깜짝 할머니 할머니 부르고.

청학재淸鶴齋 시편
—파안破顔

상처만큼 아름다운 무늬가 어디 있냐고 늙은 어머니 웃으시니
낡은 호미같이 굽은 허리를 억지로 억지로 곧추 세우며 웃으시니

경상남도 창녕군 고암면 억만리 청학재淸鶴齋 재실齋室 뒤편의 느티나무 등걸이 헤 하고 웃는데 나도 그만 동그란 웃음을 푸 하고 날리는데 늘 내게는 미륵彌勒부처 같던 뒷산 큰 소나무도 흐흐 하고 웃는데 나는 어쩜 저기서 학鶴 한 쌍이 둥지를 틀어 청학재淸鶴齋일 거라고 그냥 중얼거려 보는데 솔방울 하나가 툭 떨어지면서 또 히히 하고 웃는데 내게는 그러니까 종증조부되시는 할아버지 망두가 따라서 픽 웃는데 나도 이제는 못 참겠다고 픽 픽 웃는데

그러니까
하늘 뭉게구름이 마구 주름살을 펴면서
아니 잔주름을 더 지우면서
일렁거리는 물결
봄 하늘도 입이 귀에 걸렸는데.

몽유도원을 사다

백화점에 들렀다 복숭아통조림 한 박스를 샀다.
이 복숭아 철에 웬 통조림이냐는 아내의 핀잔을 들으며
내 마음의 무릉도원 한 세트를 들고 신이 났다.

아홉 살이던가 열 살.
나는 홍역을 앓아 펄펄 열이 끓고
사흘 동안 미음 한 모금 넘기지 못하고
어머니는 설탕물을 끓여 숟가락으로 떠먹이고
먹는 족족 나는 게워내고

할머니 이러다 우리 장손 큰일 나겠다고
쌀됫박을 퍼다 주고 사 오신 복숭아통조림
나는 꿈결인가 잠결인가 언뜻언뜻 도원桃園을 거닐며
따먹은 기억이 생생한 부귀복록의 천도天桃 복숭아

아내는 한참 동안 제철 과일이야기로 바가지를 긁고
나는 아이들에게 들려줄 이야기 생각에 미리 즐겁고

나는 몽유도원 한 세트를 샀다.

천불

천불은
주먹 혹은 부처

나는 이제 사십대 중반 더 이상 새로워질 수 없다는 아픔을 느낄 때
친구들과 저녁 식사를 하고 술도 마시고는 괜히 동정 받는다는 느낌이 들 때
큰 소리를 치는 상급자에게 한없이 고개를 숙이며 잘못 없이 백팔 배를 드릴 때
저 가슴을 치고 올라오는 것
천 개의 주먹이거나 천 개의 부처
목욕탕에서 내 아들의 등을 밀어줄 때
그 아들이 우등상을 받아왔을 때
못난 애비보다 훌륭하다는 말을 들을 때
내가 감사의 기도를 드릴 때
울컥 넘어오는

내 가슴속에
서 계시는 부처님.

바람재

오일장꾼도 소장수도 근친 가는 새댁도 오리를 몰고 가는 할미도 휴가 나온 군인도 아우를 데리고 외가댁 가는 중학생도 늙은 농부도 탁발승도 머리에 잔뜩 무엇을 이고 가는 장사꾼도 노름꾼도 뱃사공도 다 쉬어가는 바람재

우등상을 받은 손자 얘기도 이번에 큰돈 벌었다는 사위 얘기도 올해 농사는 망쳤다고 푸념하는 소리도 해원굿을 해야 집안이 풀리겠다고 꼭꼭 다져 말하는 무당 얘기도 젊은 한때 내가 얼마나 대단했던가 하는 자기 자랑도 금방 다 날려버리는 바람

경상남도 합천군 청덕면 적포의
그 고개를 넘어 외가댁이 있다.

우린 가포 간다

혹 애인이 없거나 어쩌다 애인이 생겨도 우린 가포 간다. 내 친구와 의기투합하여 그 기분을 어쩔 수 없을 때 또는 그런 친구와 싸우거나 싸우러 우린 가포 간다. 명태전 동래파전 막걸리 꼼장어 구이 소주 한 잔 우울한 봄날 마땅히 할 일이 없는 토요일 우린 가포 간다.

바다는 한 접시에 다 담길 듯 작아도 이제 여대생이 되었다고 머릴 볶은 스무 살도 군대에 간다고 쌍고래를 떠는 머슴애의 울음도 언제 부서질지 모르는 뻥튀기 같은 얇은 의리도 담배꽁초 같이 나누던 우정도 금세 지워질 낙서 같은 맹세도 다 받아주던 바다

그곳으로부터 봄은 온다고
우린 지금도 가포 간다.

매화를 그리다

봄은 암행어사 출두같이 그렇게 온다고
밤새 판소리 춘향가를 몇 판이나 듣다가

이제 겨우 시詩 한 편 탈고했다고
쭉 기지개를 켜는 저 가지 끝
새벽닭 울음소리에
별 하나 화들짝 놀라 잠을 깬다

쿡 쿡 쿡
눈 위에 찍힌 호랑이 발자국.

5부

토우土偶

입 코 귀가
이리로 뭉기적 저리로 뭉기적
못 생겨도 있을 건 다 있다고
척 허리 버팀도 해보는 참인데

진흙으로 빚었으되 질그릇도 아니고
속을 비웠으되 꽃 한 송이 못 담는
너는 무어냐

묻다가 생각하니 참 내 꼴 같다

나는 마흔 이쪽 저쪽에서
내 속의 진흙덩어리들이 어떻게 구워져
질그릇이 되었는지를 보았는데
그 파란 불꽃을 보고 말았는데
오늘 여기서 또 다시 만나다니

어이!
손 내밀어 본다.

수국水菊

이만하면 나이도 먹을 만큼 먹었다고
상추쌈을 한 주먹 싸서 입이 찢어져라
우겨넣어도 밉지 않다.

남편의 남색 남방을 걸친 것 같기도 하고
딸아이 청바지를 뺏어 입은 것 같기도 한데

어느 화단에서나 잘 어울리는 꽃

시장바구니를 들고 가면서
척 양산을 펴도 봐줄 만하다.

물방울무늬 월남치마를 입거나
품이 너른 원피스를 걸쳐 입어도
여름날 까맣게 그을린 얼굴이야 어디 가겠나.

올해 우리 나이로 마흔셋

빨래판을 차고앉으면
빨랫감보다 더 큰 엉덩이로

한쪽 베란다가 꽉 차지만
내 품이 느는 것보다 빨리 크는
아이들이 그저 고맙다고
수건을 둘러쓰고 벅벅거리며

잘 늙어가는 아내.

갈치자반

석 달 열흘을 씻지도 않은 홀아비 골방에 누워 있다.

홀어미는 깨가 서 말이라는데
너는 이가 서 말이냐고
햇살이 옆집 과부같이 채근하고 가는데

빼빼 마른 놈이 웬 가시도 그리 많아
입만 대어도 쿡쿡 찌른다.

소금기가 잘잘한
썩은 간 자반 다 몰려드는 함양, 산청같이
어디 갈 곳 없는 달품꾼 다 기어드는 어물리들

소금기만 하얗게 얼어붙은 넝마쪼가리가
눈만 멀뚱멀뚱 쳐다본다.

야 야 냄새 난다.
저기 고린내 나는 속곳이나 좀 치워라.

쭈글쭈글한 길

봉급날 라면 한 상자를 샀다.
갑자기 부자다.
배고픈 사자같이 상자를 북
찢는데 상자 골판지가 쭈글쭈글 주름졌다.
늙은 살같이 주름진 것들은 다 고달프다.

골판지는
쭈글쭈글한 할머니 손으로 모은
신문지 등 폐지로 만든다는데
생의 끝도 주름졌다. 파란만장波瀾萬丈
현생이 주름지면 다음 생도 주름지는 걸까?

냄비에 물을 올려놓고
라면을 한 봉지 척 끓이는데
꼬불꼬불 주름졌다.
나는 후루룩 후루룩 주름살들을 마셨다.
아마 내 살도 이미 주름으로 채워졌으리라.
마흔일곱이 벌써 고달프다.

자전거自轉車

눈도 코도 없는 놈이
이름만 거창하게 자전거自轉車
스스로 가는 수레라고?
순 엉터리 같은 놈이라고 생각했는데

아닌 봄날에 불쑥 생각이 나서
화분에 물을 주듯
털 털 먼지를 털고

내 큰 엉덩이로 털썩
몸 실으면 싱싱 천리마가 되네

말은 자전거自轉車인데
머리도 팔도 없는 고철덩어리가
달랑 바퀴만 둘
한쪽 구석에 쿡 처박혔다가

슬슬 어르고 달래니
봄풀 봄꽃 사이로 나비가 따로 없네.

야야
날아라 수레.

평행平行

장마가 그친 시골집 마당에
하나, 둘, 셋
솟아오른 돌멩이
어머니는 모난 정수리들을 흙으로 덮고
나는 호미로 괭이로 파헤치며 상처를 만든다.

"애야 모난 돌들은 이렇게 흙으로 덮어야지"
"마당을 그렇게 파헤쳐 상처를 만들면 못 쓴단다"

어머니는 뭔가 아쉬워 말씀하시지만
젊은 나는 한 귀로 흘려들으며
호미로 괭이로 돌멩이를 캐 모아
마당 한켠에 돌무더기를 만든다.

세상을 산다는 것은 어쩜
평평히 마당을 다스리는 일

장마가 그친 시골집 마당에서
어머니는 덮고
나는 캐내며

편편히 마음을 다스리는 일

서로 다른
이 뭐꼬.

슬픈 모독

내 관계를 말해줘
손가락을 꺾듯 사랑을 말하지 못했네
말하지 못한 내내 바닷가를 거닐며 가재같이
옆 눈의 게같이 옆길로만 엉금엉금 기는 모래톱같이
모래톱의 모래같이 나는 물을 가두지 못했네
가두지 못한 물
나는

풍덩 물속을 뛰어들지도 못했네
물속을 뛰어들지도 못한 내게
바다는 또 뭐냐 소금기 같은 물음도 없이
저기 밀려서 이리로
쏠리는 그물 속의 꽁치 떼같이
쏠리는 내게 우리는
다 뭐냐, 날 선 지느러미도 하나 없이
토하지 못한 말들이 석류알같이 박혀도
선인장의 가시 같은 질문을 쏘거나
쏘여서 아린 콧잔등 같은 답변하지 못하네

이미 식어버린 등껍질만 가려웠네

가재같이 게같이 딱딱해진 등껍질같이
너에게
혹은 나에게
슬픈 모독.

게딱지

게딱지 하나면 밥 한 공기가 뚝딱이라는
간장게장을 먹으며
게딱지를 확 뒤집으니
그 속에 여린 살 가득하다
아하 겉으로 그렇게 강한 척 내보이던 것이
저 여린 속살을 감추려 그랬구나 생각하며
밥 한 술을 척 얹어 비비는데

내가 살림을 잘 못살아서
너희들이 이렇게 고생한다며
아버지 울고 계신다

딱– 하고 정월의 부럼을 깨물듯
제 속을 확 열어 보이고 싶을 때
터지는 저 딱딱한 껍질 속의 여린 살들

아 짜다.

성게

방패연과 얼레같이
가슴으로 껴안을 수 없는 사랑도 있다고
하늘과 땅 사이처럼 거리에 의해 서로를 당기거나
풀어주는 사랑도 있다고
위태위태하게 걸어가는
저 관족管足

네가 우주인이었고
내가 처음 우주선을 탄 그날같이
노랗게 곪은 속을 두고
자꾸 바늘만 말하는
입도 아니고 똥구멍도 아닌

너를 뭐라고 불러야 하나

밤송이같이 품어서는 너무 아픈 사랑도 있는 법이라고
가까이 가기만 하면 이미 바늘부터 보여주는
아직 게도 아니고
아직 조개도 아닌
저 별같이 찌르는 사랑.

여기 모란

웬만하면 한 번 돌아보지 그래, 웬만하면 한 걸음 멈추고 뒤돌아보지 그래, 가서는 영영 돌아오지 않는 저 폭포도 단호하게 획 떨어져 내리기 전 한 번쯤 멈칫하듯이 웬만하면 한 번 되돌아보지 그래, 잠시 할 말을 잊었을 때 머리칼을 쓸어 올리듯이, 봄이 이미 왔더라도 이 추위 잊지 말라고 꽃샘의 바람이 불듯이.

웬만하면 한 번 웃어주지 그래, 저 악보가 오선지를 떠나 음악이 될 때 소리통을 한 번 쿵 울리고 떠나는 것처럼 웬만하면 한 번 웃어주지 그래, 이미 꽃이 진 자리에도 슬쩍 배추흰나비가 잠시 쉬었다 가듯이 웬만하면 웃어주지 그래, 잠시 구두끈을 고쳐 매듯이.

영영 고개를 돌린 이여
가서는 뒤도 돌아보지 않는 그대여
웬만하면
참 웬만하면.

모란 그늘

이제 가서 돌아오지 말자 영영 가서 돌아오지 말자 내가 저 빛 가운데로 걸어간다 해도 그 속에서는 또 다시 그늘 내 그리움의 꽃봉오리 속에 걸어 들어가도 지울 수 없는 어둠 이제 가서 영영 돌아오지 말자 그 꽃봉오리 속에서도 아침연기같이 몰려나오는 또 알 수 없는 슬픔 모란에 들어 모란에 들어 영영 돌아오지 말자 오 내가 어쩔 수 없는 어둠 뜨거운 국과 밥으로 배를 채워도 그 속에서 그 속에서 미망같이 몰려오는 둥그런 허기 모퉁이를 돌아 나와도 다시 모퉁이를 만나는 모란 지워진 발자국 위에 다시 남겨진 발자국같이 걸어가는 그리움 모란 내 저 그늘에 들어도 따라오는 아픔의 모란 이제 가서 영영 돌아오지 말자 그늘에 들면 그림자도 그늘에 들어 이제 가서 영영 돌아오지 말자 궁ㅋ 궁ㅋ 활을 들자 새가 난다 이제 가서 영영 돌아오지 말자.

한 움큼 햇살을 집어 뿌려준다
나는 소반 위의 쌀알처럼 쏴 흩어진다
우리 별점이나 치며 살까
생각이 전투기처럼 날아간다.

모란으로 가는 길

모란에 들기 전에는 안개같이 모란으로 가는 길을 알 수 없다 모란은 안개처럼 순식간에 흩어졌다 그리움 순식간에 모여든다 개미들이 줄을 지어 법칙처럼 길을 만들 듯 단내 나는 여름 연잎의 소나기같이 갑자기 모란에 이르기도 하지만 모란에 들기 전에는 모란 보이지 않는다 때로는 욱고 굽어서 아주 신기루같이 결코 모란에 이르지 못하리라 멀어지기도 하지만 때로는 너무 가까이에서 큰 산봉우리로 큰 바다로 피어 있다 개벽開闢같이 눈 깜짝할 사이 닿기도 한다 모란에서는 아무도 비밀秘密처럼 모란을 말하지 않지만 모란을 모르는 눈과 귀는 어디에도 없다 때로는 숨소리처럼 내 안에 들었다 때로는 기침처럼 나를 튕겨내는 저 모란에 이르는 길.

나 지금 어디까지 왔나 물으면
눈꺼풀 앞의 산 하나가 또 산 하나를 데리고 와
당당 멀었다 당당 멀었다고
산이 무너지는 소리
강이 넘치는 소리
내 안의 두문동杜門洞.

모란 이후

그대 꿈결같이 가고 난 후 내게 남은 일이란 봄 무같이 바람 들고 장마같이 비 내리는 궂은 날들을 셈하여 보는 일뿐 우수 경칩 지나 입하 소만 지나 오늘이 어느 절후節候인지 잠시 손가락을 곱아보는 일뿐 잠시 맑아졌던 것도 다시 흐려지고 본래 흐렸던 것은 영영 맑아지지 않았습니다 그리움의 독을 만들어 저 산하에 푼다면 상 반 미움 반 새벽 물안개같이 젖은 머리칼을 풀어 눈빛을 감춘 그대 얼굴 같을까요 알듯 모를 듯 잔잔히 파문波紋 지우는 물수제비 동심원 같을까요 까르르르 목젖을 보이며 달아나던 높은음자리표 나는 아직 악보를 읽을 수가 없어요

아마 어느 간이역이었을 것이다
작은 꽃잎 하나가 내 어깨에 기대인 것은
아마 봄날이었을 것이다 가르릉거리며
낮은 코골음 소리를 내며 흔들리던 것이
눈송이같이 잘 녹아내리는 여린 꽃잎이었을 것이다.

걸유乞宥

용서하십시오.

입춘이면 늘 석양의 과객같이 동백을 찾았으나 뚝뚝 목을 꺾는 모습이 독하다 낯빛을 흐렸으며 봄 햇살 같은 백목련을 사랑하였으나 잎보다 먼저 꽃 피는 것을 꺼려 담장 안엔 심지 않았습니다.

어머니 마중 가는 길가에서 한들거리는 강아지풀을 무엇보다 좋아했으나 난초를 곁에 두고 자주 물을 주었으며 내 고향의 불알친구를 깊이 사랑했으나 그보다 동료교사와 더 자주 술을 마셨습니다.

건너야 할 다리가 앞에 있었으나
나는 선뜻 건너지 않았고
미루다 미루다 여기까지 왔습니다.

늘 내 속에 있었으나
한 번도 괄호 밖으로 나와 보지 못한 이여

부디 용서하십시오.

화음和音

허리가 긴 줄자가 뱀처럼 똬리를 틀고 오도카니 앉아있는 것은 언제 한 번 제 긴 허리를 보여주고 싶은 참인데 그게 여북하니 태평치고 코나 고는 것이고

스무나문 살 먹은 계집애가 자꾸 눈웃음치며 가슴께를 가리는 것은 터질 듯한 제 속을 까르르르 웃음 끝에 보이는 목젖같이 열어젖히기가 여북하니 아주 답답다고 깜박이는 것인데

비만 줄창 내리는 날
안방에서 여보 여보 불러 싸도
나는 그저 이런 것도 모르면서 시 쓴다고
부침개나 좀 하지!
엎드려서 낡은 잡지에 코 박고 눈 박고.

관화觀火

남원의 복효근 시인과 천변을 걷다 잘 자란 갈대숲에 들었습니다. 때는 늦가을 너도 나도 가을걷이를 해야 할 마음이어서 저절로 고개가 숙여지는 날이었습니다. 나는 발자국마다 서걱서걱 마음을 베는 갈잎소리에 잔뜩 웅크리고 걷는데요. 갑자기 복효근 시인이 "형 갈대밭에서 해봤어요" 물어왔는데요. 나는 그저 뭐 뭐 웅얼거리며 갈대밭이 갈대밭이 낯을 붉혔는데요.

복효근 시인이 아! 그 갈대밭에서 해를 보았냐고? 다시 물어오는데요. 나는 짠하고 저는 껄껄 웃고 갈대밭이 갑자기 뭉실뭉실 어깨를 숙이고 낄낄거렸습니다. 함께 간 친구 두 놈도 한편이 되어 뭉실뭉실 웃는데요. 갈대밭 키가 갑자기 낮아졌습니다. 아주 잠깐 낮아졌습니다. 내 속이 그만 확 다 보였습니다.

내 고향 화왕산 억새밭은 이태에 한 번
달집을 사루듯 불을 지르는데요
그러면 그 속에서 저질렀던 내 젊은 날의
속곳도 다 타는 줄 알았는데요
이렇게 남원 와서 환하게 보일 줄이야
참 누가 알았겠어요.

취우翠雨

함양 상림을 따라가며 수묵으로 펼쳐진 연蓮밭 청개구리같이 보기 좋다. 또르르르 구르는 빗방울이 이슬 같은 내 여름의 나머지다. 내 언제 저렇게 많은 옥구슬을 가져보았나 마음의 눈이 주머니같이 금방 불룩해져 개골개골 울음주머니로 부푼다.

정자에 앉아 툭 캔맥주 한 잔을 따는데 갑자기 이곳이 내 전생前生 같다. 내 언제 이런 여유 가져보았나. 장마철의 햇빛 같은 내 한철의 나머지다. 다 마시고 나면 금세 찌그러지겠지만 아직은 반이나 남았고 노래라도 한 소절 부르고 싶다.

신들매를 단단히 매고
바쁜 이여 잠시 함양 상림에 들어
여기 전생全生을 보라
연잎의 물방울
아직 영롱하지 아니한가.

호박밭

비 오는 날은 공일이라고 민화투라도 치는지 늙은 엉덩짝들이 모여 앉았네. 아주 평상에라도 나앉았다는 듯 군입거리를 다시듯 쩝쩝거리며 엉덩짝들이 모여 앉았네. 며느리 흉이라도 보는가 저희들끼리만 소곤소곤 아주 귀엣말하듯 모여 앉았네.

웬 할머니들이 단체로 오줌을 누는가? 추적추적 비 내리는 날 다 찌그러진 우산을 쓴 듯 안 쓴 듯 언덕배기에 엉덩짝을 까고 오줌을 누는가? 이젠 아주 부끄러움도 없다고 엉덩짝을 툭 까고 히히거리는가? 손 안 대고 누가 멀리 가는가 오줌발 시합이라도 하시는가?

아이쿠! 민망도 하시지
아들 딸 다 키우고
손자 손녀도 다 봤다고
인젠 얼굴도 가슴도 볼품없다고
아예 엉덩짝까지 다 보이시는가
할머니도 참.

와경瓦經

한여름 매미같이 시원한 한 말씀 듣겠다고 통도사엘 갔습니다. 주마간산走馬看山 휙 두르고 오른 극락암. 큰스님이 바리때 가득 곡차 한 잔을 권하시며 너는 성춘향成春香과 어떤 관계인지? 지나는 말씀으로 물었습니다. 나는 그 뭐 소설小說 속의 인물이니 어쩌구 저쩌구 하며 말을 흐리고 스님은 허허 웃으셨습니다. 나는 그만 부끄러워 방을 나왔습니다.

삼소굴三笑窟 툇마루에 앉아 담배를 한 대 휴 휴 피우면서 생각하니 저 기왓장같이 못났다. 내 참 못났다. 갑자기 기왓장을 갈아 거울을 만들고 싶었습니다. 한 천 년쯤 갈다 보면 내 아둔한 얼굴이 보일까요. 내 어둔 마음이 깨어질까요. 아무 글씨도 새기지 못하고 가슴속에 묻어 둔 기왓장 하나.

보리살타
보리살타.

달초撻楚

장마철이 되면 꽃도 없이 줄만 나가는 호박밭엘 나가서 철없이 촐랑거리는 내게 어머니는 대나무 장대 하나를 주시면서 한바탕 호박 줄기들을 두들겨 패게 하였습니다. 나는 뜻도 모르면서 재밌다고 난장亂杖을 치듯 패대기를 치면서도 이러다가 이 호박밭이 다 죽으면 어쩌나 어쩌나 했습니다.

한 두어 장날쯤 지나서 혹 호박잎이라도 따려고 그 호박밭엘 가보면 그 참 신기하기도 하지요. 그 줄만 쭉 쭉 나가던 호박밭이 온통 노랗게 별들을 피워내지 않았겠어요. 꽃은 그렇게 피는가 보지요.

오랜만에 아들과 함께 고향엘 가서 넉넉히 저녁을 먹고 산책 삼아 나선 그 호박밭. 머릴 들자 하늘 가득 호박꽃이 피었습니다. 저 푸른 하늘은 얼마나 많은 회초리를 맞았으면 저렇게 소복이 호박꽃 별들을 피웠을까요.

아들 딸 나이 차도록 이만큼 키우면서도
너무 애잖아서 손끝도 못 대는 내 손에
애야, 봐라
휙 던져주시는 회초리 하나.

● 해설 ●

감感하고 응應하고 흥興하는, 따뜻한 비관주의

김문주(문학평론가)

성선경과 함께 술이나 밥을 먹는 자리에서 쉽게 볼 수 있는 장면은 옆 사람에게 수시로 좋은 음식을 권하고 퍼주는 그의 모습이다. 보통 맛있는 음식을 먹는 자리에서는 주거니 받거니 하면서 유쾌한 황금분할을 도모하는 법인데, 그에게는 그러한 셈이 없다. 성선경은 고집이 센 사람이고, 짐작컨대 낯을 많이 가리는 사람이어서 모든 자리에서 그렇지는 않을 것이다. 어쨌든 성선경의 식탁에서 그는 영락없는 살붙이다. 음식을 해체하는 몫은 그래서 거개 그의 그릇에서 이루어진다. "도다리가 참 좋을 때다". 이러한 그의 권에 따라 자리가 만들어지면 도다리의 좋은 부위들은 어느새 좌중에 나누어져 있고, 신통치 않은 안주와 더불어 잔을 기울이는 그를 보게 된다. 그러한 풍경 속에서 그는 '모성母性' 이다.

시집 해설의 자리에서 뜬금없이 식탁의 풍경을 이야기하는 것은 시인의 성품이나 인간성을 높여 세우기 위함이 아니다. 성선경은 모든 이와 좋은 관계를 맺으려 애쓰는 사람이 아니다. 계산과 도모의 속내를 갖고 있지 못해서 그는 (아마도) 어떤 이들에게는 별로 달갑지 않은 사람일지도 모른다. 물론 그는 조용하고 원만한 사람이지만, 무엇인가를 위해 자신을 조절하는 사람은 아니다. 아니, 좀더 정확하게 말한다면 그는 상대의 환심을 사서 얻을 수 있는 일을 도모하지 않는 이이다. 그러한 연장선상에서 성선경의 시는 기획이나 위장의 내면을 품고 있지 못하다. 이것이 그의 윤리성을 뜻하는 것은 아니다. 새삼스럽지만, 시인이 선한 존재일 필요는 없다. 시인은 삶의 바닥과 세계의 안쪽을 보는 자여서, 필연적으로 자신의 삶을 포함한 이 세계의 상처와 치부를 폭로한다. 그 과정은 삶의 비윤리성/반윤리성을 드러내는 일이고, 때때로 자신을 향한 비호감의 시선을 감수해야 하는 일이다. 그 점에서 시인은 용기 있는 자이다. 이를 '시의 윤리' 라고 할 수 있을 것이다. 성선경은 시의 윤리를 삶으로 살아내는 시인이다.

다시 돌아와서, 성선경의 식탁의 모성을 말하는 것은 두 가지 이유에서인데, 하나는 그의 시적 특질과 관련된 것이고, 나머지 하나는 그의 성품에 관한 것이다. 전자는 뒤에서 상술할 것이기에 차지하고 후자에 관해 말한다면, 성선경의 모성은 '날것의 모성' 이다. 그것은 (적어도 사회적 관계에서는) 모든 이를 포용하는 포즈로서의 모성, 자기최면의 모성이 아니라 자신의 마음으로 들어온 이를 끌어안는, 가공하지 않은 자연적 모성이다. 이러한 자연성이 그의 삶과 시를 투명하게 한다. 시와 시인의 관계를 구구하게 논하지 않더라도, 시와 삶의 이반은 문학 언어의 의미를 되묻게 만든다. 삶을 고백하는 시들에서 시의 언술들이 기획과 자기도취의 산물일 때, 문학 언어는 그것을 지지하는 중요한 기지를 잃게 된다. 그 점에서 성선경의 시는 그의 기질과 많이 닮아 있다. 그의 시는 시인의 삶의 길을 따라 펼쳐진다. 다섯 권의 시집을 선選한 이번 시집에서 우리는 한 生의 구절양장을 목격하게 된다. 그 속에서 우리는 꿈꾸고 감격하고 분노하고 체념하며 슬퍼하는, 시간을 타고 넘는 언어의 풍경을 보게 된다.

1.

성선경이 등단한 1980년대 후반은 민족화합과 민주화에 대한 열망이 절정에 올랐던 시기이다. 이 시기에는 공동체의 이상에 헌신하려는 정념이 사회구성원들의 내면을 격동시키고 많은 이들을 낭만적 감정 속에서 뛰놀게 만들었다. 건강한 공동체에 대한 염원을 자신의 것으로 수락한 개인들 속에서 사회적 이념은 변혁의 열정으로 들끓었다. 이러한 격정은 이상사회를 향한 감정이며 혁명의 이념과 맞닿아 있는 것이어서 대항하려는 현실만큼이나 거칠고 강한 에너지를 지니고 있었다. 그것은 부권적 질서에 도전하는 거센 아들의 욕망과 다르지 않았으며, 운동의 시대가 마감되고 펼쳐졌던 90년대 후일담문학은 이 욕망 속에 내장된 또 다른 아버지의 모습을 적나라하게 조명해 주었다.

등단 무렵의 성선경의 시는 이러한 당대적 이상 속에 있었다. 시적 주체의 지향은 '우리' 의 세계였으며, 그 세계에서 시인은 낭만적 동감으로 출렁거렸다. 그런데 성선경의 시에 형상화된 당대적 감정 속에는 여타의 시인들과 구별되는 독특한 자질이 내장되어 있다. 그것은 등단 이후 그의 시세계에 지속되는 중요한 정서적 자질로써, '성선경의 공동체' 를 떠받치고 있는 핵심 요소라고 할 수 있다.

가을걷이가 끝난 빈 들녘에 서면
한 알의 밀알이 썩어서 온 세상의 풍요를 이루는 것이다
아버지는 호올로 씨앗을 뿌리고
어둑어둑 깊은 근심으로 걸음을 옮기시는 어머니는
세상의 아득함으로 잠 못 들어 뒤척이는 어린 아들에게
산다는 것은 이 땅을 힘 있게 밟고 서는 거란다 하며
안온한 하루의 이불을 펴주시곤 이마를 다독거려 주신다
내가 다시 아버지의 밀밭으로 다가서서
온종일 그리운 이름들을 부르면
하나 둘 별들이 빛날 어둠이 짙어와
만리벌을 다 비추는 만월이 떠오르고
달빛 따라 어느새 쑥쑥
잘 자란 밀밭들이 온 벌판으로 술렁거린다

봐라, 봐! 저것 좀 봐!
나의 꿈결까지 따라와
황금의 밀알들이 점차 눈앞으로 다가와
주먹만 해지다가 산만 해지다가
껍질을 벗고 하나 둘 애기장수들이 나와
저기 한 필씩 용마를 타고
태백산, 소백산 이 땅의 결박당한
사지를 풀어내는 것이 보인다.
가을걷이가 끝난 빈 들녘에서
아버지는 호올로 씨앗을 뿌리고
느린 걸음으로 어머님이 복합비료를 뿌리면
묶인 허리띠를 천천히 풀고
듬직한 몸매를 일으켜 세우는 한아비 미륵
이마에 한 닢씩 밀닢을 꽂고
세상의 밭을 갈려 가는 농군들이 보인다
한 알의 밀알이 썩어서
일으켜 세우는 한 나라가 보인다
아버지가 가꾸시는 밀밭에 서면.

―「밀밭에서」 전문

80년대 생산된 많은 시들이 변혁과 갱신의 정념으로 들떠 있었고 성선경의 시도 이러한 정념의 이상을 공유하고 있었지만, 그의 시에는 이를 격동하는 거센 감정의 흐름이 한없이 순화되어 나타난다. 마치 생명 · 생태 시학의 실현태를 보는 듯한 이들 시편들은 부드러운 동감과 잦아든 호흡으로 신생의 꿈을 노래한다. 당대의 시들이 변혁의 이상을 품은 거친 청년기의 의지를 담고 있다면, 성선경의 시에는 건실한 현실의 상象을 바라보는 순한 소년의 마음이 내재되어 있다. 의지보다 마음의 세계, 그것이 당대를 그리는 '성선경 나라'의 지리학이다.

「밀밭에서」의 미래 역시 "결박당한 사지를 풀어내"는 '애기장수'의 힘 있는 나라이다. "애기장수들이 나와" "용마를 타고" 모든 억압과 구속을 해방하는 나라, 그 세계는 한반도의 문학작품 속에 대대로 이어져 내려온 유서 깊은 나라이다. 80년대 많은 시편들은 이 나라를 향한 대망待望의 감정을 역동적으로 분출하였다. 위의 시편 역시 이 세계를 노래하고 있지만, 의미의 중심은 그 나라를 일구는 자의 노동과 그 속에 내재된 생명력에 놓여 있다. 다시 말해 이 시가 수런거리는 지점은 미래나 미래를 향한 의지 속에 있지 않고, 그 세계를 이루어가는 현실의 과정에 있다. 시인은 '애기장수'보다 애기장수가 솟아나는 장소, 즉 "황금의 밀알"에 관해 이야기하고 있는 것이다. 이 시의 가장 아름다운 풍경이 '결박을 풀어내는 애기장수'의 행위가 아니라 밀알들이 자라나는 장면인 것은, 바로 이 때문이다. "하나 둘"씩 떠오르는 별들과 "만리벌을 다 비추는 만월"을 따라 "어느새 쑥쑥" 자라난 밀들로 "술렁거리는" 벌판, 그 아름다운 풍경이야말로 "어린 아들"의 경이로운 꿈인 것이다. 성선경은 그 풍경을 꿈꾸는 자이다. 그러한 점에서 이 시가 아버지와 어머니의 노동을 묘사하는 것은 지극히 자연스럽다. "호올로 씨앗을 뿌리"는 아버지와 "느린 걸음으로" 비료를 뿌리는 어머니의 형상은 그 자체로서 밀알의 상징을 실현한다. "한 알의 밀알이 썩어서 일으켜 세우는" 나라, 이 시의 어린 아들은 '건국될 나라' 보다 그 '나라의 뿌리', 다시 말해 '밀알의 헌신의 풍경' 을 바라보는 조숙하고 정온한 아이이다. 여기에서 눈여겨볼 대목은 노동의 풍경을 구성하는, 혹은 어린 아들과 관계를 맺는 아버지와 어머니의 역할이다. 통상의 문학적 상상력 속에서 노동의 현장을 주도하거나 노동을 통한 부모의 가르침은 아버지에 의해 이루어지는 데 반해, 이 시에서 노동의 현실을 교훈하는 사람은 어머니이다. 바로 그 점에서 어린 아들에게 전수되는 밀밭의 깨달음은 부드러운 모성적 자장 위에 형성되는 것이다. "호올로 씨앗을 뿌리는" 아버지의 모습을 배면에 드리우고 어린 아들을 현실세계의 장으로 불러내는 어머니의 형상은, 성선경의 세계를 구성하는 심층적 자질이 된다. 이 시가 그리고 있는 "아버지의 밀밭"이 애틋한 그리움과 생생한 숨결로 수런거리는 것은, 밀밭에서 이루어지는 노동의 현실이 어머니에 의해서 이루어진 것이기 때문이다. 어머니의 이러한 역할은 '세워질 나라' 보다 '나라를 일구는 과정' 에 주목하는 사유의 기지라고 할 수 있겠다. 성선경의 초기시들이 농경문화적 성격을 띠고 있음에도 불구하고 부성적 질서와 힘의 의지를 내장하지 않은 것은, 그의 세계가 부성 세계에 대한 그리움을 배후로 한 모성적 자양 위에 정초되어 있기 때문이다. 다음의 시편들에서 우리는 이 점을 좀더 구체적으로 확인하게 된다.

어머니/나는 죽어서 소가 되고 싶습니다/푸우푸우 거친 숨을 내뿜으며/이 나라의 크나큰 어머니의 들녘을/젖가슴같이 부드럽게 갈아 일구어/푸르디푸른 보리밭을 가꾸는/튼튼한 농우소가 되고 싶습니다/은혜로운 이 땅의 일꾼이 되어서/푸른 싹을 위하여 쟁기날을 끌다가/저 한 몸으로 이 땅을 다 일구지 못하면/죽어서 북이라도 되어/잠 깨어라 잠 깨어라/삼천 리 둥둥 가슴을 울리는/소가 되고 싶습니다 어머니.

—「소」 전문

나를 밀어 올려다오/내 그대를 위하여 힘껏 발판을 굴러/저 자유로운 하늘을 주마/나에게 튼튼한 발목을 다오/나를 밀어 네 꿈을 보여 다오/이승에서나, 또 저승에서나/사랑한다는 것은 항상 이와 같아서/내가 그대를 위해/그대가 또 나를 위해/힘차게 발판을 굴러 주는 것/그리하여,/그대가 더 높은 하늘에 닿기를/닿아서 더 고운별이 되기를/내가 그대에게/그대가 나에게 기원하는 일

—「널뛰는 직녀에게」 1연

"죽어서 소가 되고 싶"은 「소」의 화자가 "푸우푸우 거친 숨을 내뿜으며" 갈고 싶은 땅은 아버지의 나라가 아니라 "크나큰 어머니의 들녘"이다. "죽어서 북이라도 되어" "삼천 리 둥둥 가슴을 울리는", 이 부족 세계를 향한 헌신의 감정은 우리가 익숙하게 보아왔던 부권의 혈통 속에 있지 않다. 그것은 모성적 감성 속에 자라나 이 모성의 세계를 풍요롭게 일구어내려는 순한 아들의 것에 가깝다. 그러한 점에서 성선경의 초기시가 염원하

는 '우리의 세계'는 모계부족사회에 닿아있는 듯 보인다. 그의 시가 '세워질 나라'와 그 나라를 향한 의지의 강력함을 드러내기보다 희생과 헌신의 감정에 좀더 매력을 느끼는 것도 이러한 감성적 자질에서 연유한 것으로 보인다. 미당의 「추천사」를 연상시키는 「널뛰는 직녀에게」의 남성 화자 역시, 이 모성적 감정 속에 휩싸여 있다. 「추천사」가 '향단香丹'의 힘을 빌어 "산호도 섬도 없는 저 하늘로" 가고자 한 춘향이의 내면을 노래한 데 반해, 이 시의 남성 화자가 추천하려는 이유는 그대에게 "저 자유로운 하늘을 주"기 위해서이다. 춘향이(「추천사」)의 욕망이 부권적 위계질서 위에 기초한 것이라면, 견우(「널뛰는 직녀에게」)의 욕망은 오히려 모성적 헌신의 감정에 속한 것이다. 이 점에서 견우牽牛를 화자로 내세우고 있는 시인의 감수성은 무의식에까지 닿아있는 듯 보인다. 「헌화가獻花歌」의 견우牽牛 노인이나 「널뛰는 직녀에게」의 견우 모두, 여성적 세계에 깊숙이 접속되어 있다. "영원히 여성적인 것이 우리를 인도한다"는 저 『파우스트』의 테마를 성선경의 시는 실현한다.

여기에서 하나 더 생각할만한 점은, 모성적 자양 속에 놓여 있는 이러한 정서적 자질들이, 낭만적인 변혁의 감정이 건너뛸 수 있는 현실을 주의 깊게 보게 한다는 점이다. 이는 「밀밭에서」의 소년 화자의 시선 속에서도 확인할 수 있는 대목이었다. 모성적 지혜야말로 이와 통하는 것이 아니겠는가.

코끼리는 코끼리다.
내가 '벽壁'이라 이야기할 때에도

네가 '기둥' 이라 주장할 때에도
코끼리는 코끼리다.
벽이다 기둥이다
우리가 티격태격 다툰다 해도
코끼리가 코끼리 아닌 게 아니지만
우리가 코끼리보다 싸움에 열중하여
혹, 코끼리임을 잊어버릴 때
그놈 역시 긴 코를 숨기고
그냥 '끼리' 로 둔갑하거나
'벽끼리', '기둥끼리' 로
슬그머니 돌아설지도 모를 일
정말 코끼리가 코끼리보다 영리하여서
혹은, 코끼리가 코끼리보다 비양심적이어서
또 다른 어떤 것으로 둔갑할지도 모르는 일
우리가 싸움보다 명징明徵하게 해야 할 것은
코끼리는 코끼리다 이다
내가 '벽壁' 이라 이야기할 때에도
네가 '기둥' 이라 주장할 때에도.

—「코끼리는 코끼리다」 전문

첫 시집(『널뛰는 직녀에게』, 1993)에 수록된 작품들 중 매우 이질적인 언술에 속하는 위의 시는 사실의 독자성을 기지 넘치는 언어 감각을 통해 강조한다. 성선경의 시에는 전반적으로 따뜻하고 진지한 사유가 지배적이지만, 그 기저에는 언어를 이

리저리 굴리며 상상력을 만들어가는 유희적 본능이 잠복되어 있다. 시인이 각별하게 인식하는 것은 주장과 사실의 별개 가능성이다. 주장은 주장이고 사실은 사실인데, 주장의 과정에서 이러한 진실이 휘발된다는 사실(?)이다. 코끼리는 그것을 "벽壁"이나 "기둥"으로 주장한다고 해서 "코끼리 아닌 게 아니지만", 이러한 논쟁의 과정에서 코끼리가 "긴 코를 숨기"거나 "'끼리'로 둔갑하거나", "'벽끼리', '기둥끼리'로 슬그머니 돌아설지도 모른"다는 것이다. 시인은 〈코끼리〉라는 어휘를 통해 사실의 은폐 가능성에 대한 우려를 드러내고 있는데, 이 우려의 진실은 사실 "코끼리"라는 어휘 속에 내장되어 있다. 문제는 "끼리"이다. "끼리"로 인해 가장 중요한 "긴 코"가 감추어지거나 진실이 다른 것으로 둔갑할 수 있다는 것이다. 이 '끼리'는 "끼리끼리"의 '끼리'이며, 삼인성호三人成虎의 '三人'이다. 세勢를 이루어 무엇인가를 주장할 때, 진실이나 본연의 의도가 휘발된 채 성세成勢만이 남을 수 있다는 것이다. 그래서 시인은 사실의 명징한 존재 인식을 강조한다(재미있는 대목은 '나는 이야기하고 너는 주장한다'는 언술이다. 생각해보면, 주장하는 이는 사실을 괄호칠 가능성이 높은 자이다. 시인이 사실의 은폐나 둔갑 가능성을 경계할 수 있는 것은, 그가 '이야기하는' 사람이기 때문이다).

이와 같은 인식은 「나무에게」에서도 나타난다. "적은 언제나 그대들의 내부에 있듯이/그대가 저 톱날/시퍼런 도끼날을 위하여/손잡이가 되지 않는다면/그대의 한쪽 팔을 내어 주지 않는다면…(중략) 아무리 악惡이 악惡을 동반할지라도/결코 저 날카로운 이빨과 칼날들이/그대들을 범하진 못하리라". '우리'를 구성하는 "그대들"을 향해 사뭇 준엄한 어조로 자기배반(이반)을 경계하는 이 시는 「코끼리는 코끼리다」의 메시지의 연장선상에서 진실의 냉정한 자기엄수를 강조하고 있다. "아무리 악惡이 악惡을 동반할지라도" 내부 단속만 잘하면 결코 "그대들을 범하진 못하리라"는 비장한 메시지는 시인의 낭만적 순수성을 웅변적으로 보여주는 대목이다. 성선경의 첫 시집 수록작들로 구성된 『돌아갈 수 없는 숲』의 1부는 공동체에의 헌신의 감정, 명징한 진실에의 겸허함, 그리고 순수 신념에의 의지로 구성되어 있다. 그것은 어찌 보면 우리의 1980년대가 그러했던 것처럼, 현실의 완강한 구조를 경험하기 이전의 순수성을 보여준다. 이러한 시적 자양들은 새롭게 도래한 현실을 통과하면서 큰 변화를 겪게 된다.

2.

'우리', 공동체, 그리고 현실 세계를 향한 헌신의 감정과 건강한 낭만성을 보여주었던 성선경의 초기시는, 낭만적 의지 속에 틈입하기 쉬운 부권적 자질 대신 모계사회적 지혜와 정서들이 그 세계를 떠받치고 있다. 그의 시 속에 미만한 이타적 감정과 순한 의지는 낭만적 감정으로 들끓었던 시대의 시들에게서 찾아보기 어려운 요소들이다. 성선경의 시가 공동체의 건강한 삶을 노래하면서도 건설될 미래로 인해 들뜨지 않을 수 있었던 것은, 그의 시에 내재된 공동체적 감수성이 모계적 혈통에 속한 것이기 때문이다. 청년기의 혁명적 이상과 모성에 친숙한 소년기의 순수성이 그의 초기시를 구성하는 정서적 자양이라고 할 수 있겠다. 이러한 성선경 시의 특질들은 구체적 현실과 만나면서 현격한 변화를 보이는데, 그 양상은 대체로 격한 분노와 절망에서 체념의 단계로 이행된다.

> 드디어 양치기는 치기를 버리고 양이 되었다.
> 이제 오호이 오호이 그 양치기는 어디로 갔는가.
> 사람들은 숲을 가리킨다. 그럼 저 나무 뒤에
> 남아있던 어린 양들이 물음의 고개를 들면
> 아니야 사람들은 나무를 보지 말고 숲을 보라고
> 말한다. 아니 숲은 어디에 있는가 물어도
> 이제 모든 사람들은 숲을 보고 말한다.
> 드디어 이제 모든 나무는 숲이 되었다.
> 이제 나무는 어디에 갔는가. 이렇게 묻고 싶어도
> 사람들은 양치기가 버린 양같이 뿔뿔이 흩어져
> 모두 숲이 되었다.
> 이제
> 드디어
> 마침내
> 우리는 모두 숲이 되었다.
> 세상에 가득 찬 행복한 숲들.

—「나무는 없다」 전문

두 번째 시집(『옛 사랑을 읽다』, 2001)과 세 번째 시집(『서른 살의 박봉씨』, 2003)에 수록된 작품들로 구성된 2·3부의 시편들에서 가장 두드러진 특징은 부정적 어사들의 대거 출현과 '우리' 세계의 균열이다. '없다', '아니다'로 대표되는 부정적 인식이 '나'로부터 분리된 '사람들의 세계'를 그리는 것이 주된 내용을 이루고 있다. 1부의 시편들이 세계를 향한 화자의 태도와 자세를 주로 다루고 있다면, 2·3부의 작품들은 실제로 맞닥뜨린 현실의 문제를 형상화하고 있다. 전자가 관념적 소산인데 반해, 후자는 삶의 체험을 바탕으로 한 인식을 보여준다. 인용시 「나무는 없다」(이하 '나무')는 앞에서 살펴보았던 「코끼리는 코끼리다」(이하 '코끼리')의 현실 버전인 셈인데, '코끼리'가 엄정한 사실의 문제를 강조한데 비해, '나무'는 변해버린 사실과 이를 다루는 기만적인 현실의 문제를 그리고 있다. 그 문제의 핵심은 두 가지이다. 하나는 양치기가 사라져버린 것이고, 나머지 하나는 "뿔뿔이 흩어진" '나무'들이 '숲'인 채 살아가는 현실이다. 치기(keeper)가 사라진 숲에서 '양'은 무엇으로 살아갈 수 있을까. 시인의 이러한 질문은 루카치의 탄식-"별이 빛나는 창공을 보고, 갈 수가 있고 또 가야만 하는 길의 지도를 읽을 수 있던 시대는 얼마나 행복했던가? 그리고 그 별빛이 훤히 길을 밝혀주던 시대는 얼마나 행복했던가?"-을 생각하게 한다. 치기의 실종은 방향과 연대 상실의 시대를 의미하는 것이면서, 숲의 종말을 예고하는 징후인 셈이다. 그러한 점에서 양치기의 실종과 숲의 상실은 결국 하나의 문제라고 할 수 있다. '코끼리'에서 '나무'로 이르는 여정은, 사실에서 현실의 세계로 이월하는 시인의 내면을 우의적으로 시사해준다. 「나무는 없다」의 마지막 행, “우리는 모두 숲이 되었다. 세상에 가득 찬 행복한 숲들.”에 내장된 쓸쓸한 역설과 비판의 심정이야말로 시인의 부정적인 현실 인식을 함축적으로 보여주는 대목이다.

방향과 연대와 진실의 폐기, 그리고 이를 은폐하고 위장하는 자기기만의 풍경은 성선경이 인식한 현실의 전모라고 할 수 있다. 이러한 시인의 인식을 그의 두 번째 시집은 적나라하게 기록한다. 세계에 대한 건강한 낭만성이 사라진 자리에 들어온 부정적 형상은 비단 ‘나’로부터 분열된 ‘사람들의 세계’만의 문제가 아니라 궁극적으로 ‘나의 일상’을 포함한 자본주의적 현실의 문제라고 할 수 있다. 그러한 점에서 “심심해하는” 주인을 위해 “충실히 조롱당하는” 개(「파블로브의 개」)의 모습은 ‘급히 아침을 먹고 넥타이를 졸라매고 시내버스를 타고 멱살을 잡히고 손바닥을 비비는’(「에이, 신발끈」) 현대인의 삶의 적나라한 형상인 셈이다. ‘내 것 아닌 삶’을 사는 이 한없이 누추한 엉터리 삶은 우리의 일상 속에 강고하게 들어와 있는 도저히 해결할 수 없는 질곡의 현실이다. “세월이 가면 마침내 이빨은 가고 혀만 남네” “오도독거리던 그 이빨은 가고 통닭집 네온사인과 내음만 남는”다는 「다시 세월이 가면」의 능청스러운 고백은 ‘내 것 아닌 삶’의 혼몽함을 드러내는 탁월한 형상이라고 할 수 있다. 그 점에서 “때로는 달빛 아래 혼자 울 줄도 알고/때로는 씨암탉을 노리며 밤새워 귀 세우는” “산적山賊 같은 늑대”(「그리운 늑대」)에 대한 동경은 길들여진 일상으로부터 해방되어 생명성을 누리고 싶은 당연한 소망이라고 할 수 있다.

기만적인 현실과의 불화, 어찌해 볼 수 없는 일상으로 인해 시인은 깊은 분노와 절망 속에 유폐된다. “나는 돌아오지 않는 새를 기다리는 낡은 둥지”(「몽유도원도」), “기쁜 얼굴로 둥근 달이 떠도 나는 눈을 감은 그믐”(「걷는 새」)이라는 이 바닥없는 절망감은 당시의 내면을 충격적으로 보여준다. 그러한 점에서 2부의 가장 아름다운 풍경인 「꿈꾸는 세한도歲寒圖」는 현실에 대한 시인의 좌절과 절망을 역설적으로 보여주는 형상이라고 할 수 있다.

이만하면 족할 걸
소나무 두어 그루쯤 듬직이 세워놓고
그 아래 서너 평 방칸이나 마련하여
또 한겨울 나면 되지

나는 길고 긴 새끼를 꼬고
아내는 아이에게 젖을 물리며
두런두런 지나간 이야기를 나눈다면
아이는 어느새 잠이 들 테고
꿈같이 또 눈이 내리겠지

아침이면 지나갈 길손들을 위하여
마을 어귀까지 눈을 쓸면서
돌 몇 덩이 성황당 아래 던져 올리면

마음 둘 곳 없는 사람
치성탑도 안될 텐가

기다리는 이 없어도 안부安否가 그리운 대한大寒 근처近處

뚝뚝 설한송雪寒松 부러지는 소리 들으며
사람 사는 일이라는 게야
하늘이 멀다고 그리 만만한 게 아니다
알면 되지.

―「꿈꾸는 세한도歲寒圖」 전문

눈 내린 겨울 정온한 한 가정의 모습을 묘사하고 있는 「꿈꾸는 세한도」의 형상은 관념의 풍경이다. "이만하면 족할 걸"로 시작하는 시는 김정희의 〈세한도〉처럼 형상 주체의 내면을 그려낸다. 성선경의 세한도는 제목대로 동경의 풍경인데, 그림의 내용으로 보아 '자족自足의 수묵화' 라고 할 수 있다. 집 밖에는 눈이 내리고 안에서는 부부의 정담이 "두런두런" 흐르는 이 그림은, 그야말로 세사世事를 온전히 정화해내는, 아니 "꿈 같은" 탈속의 풍경이다. 그런데 이러한 풍경을 지배하는 눈이, 성선경에게서는 자신의 정신을 드러내는 직접적인 자질로써 기능하지 않고 주체의 심정을 암시하는 요소로써 작용하고 있다. 김정희의 〈세한도〉의 눈이 주체의 견정한 의지를 보여주고 있다면, 성선경의 눈은 세상을 향한 시인의 그리움을 부각시켜준다. 그 점에서 「꿈꾸는 세한도」는 탈속이 아닌 향속鄉俗의 내면

풍경이다. “지나갈 길손들을 위하여 마을 어귀까지 눈을 쓸고” “돌 몇 덩이”를 “치성탑”에 얹는 화자의 모습은, 전반부에 그려진 정화의 풍경의 속내를 보여준다. 그래서 이 시의 진술은 쓸쓸하고 허전하다. 성선경 시의 전체적인 성향으로 볼 때 「꿈꾸는 세한도」의 자족의 정서는 지극히 자연스럽지만, 그것이 몸을 입고 있는 은일의 정황은 불편한 것이다. 성선경은 “길손들을 위하여” “눈을 쓸고” ‘돌을 얹고’, 늘 “안부安否가 그리운” 자이다. 그 점에서 「꿈꾸는 세한도」는 한편으로는 삶에 대한 시인의 태도이면서, 한편으로는 ‘하늘을 멀리 두고 사는’ 세상에 대한 ‘위장된 체념’ – ‘어찌할 수 없는 그리움’의 풍경이라고 할 수 있다.

공동체의 건강한 삶에 대한 초기의 낭만적 순수성이 분노와 풍자, 체념과 그리움 등 맨얼굴의 감정으로 바뀐 것이 두 번째 시집이라면, 이러한 정서들이 스스로를 풀어내는 세계가 2부의 후반부를 구성하는 세 번째 시집이다. 2003년에 간행된 세 번째 시집에는 솟구치는 부정의 정서들이 토속적인 정감과 결합하고 일부는 구체적인 생활 감정으로 길을 열면서 이후 시세계의 전환을 마련하는 계기들을 내장하고 있다. 그 세계는 첫 시집에 출현했던 의식들이 구체적인 현실과 만나면서 삶 자체에 좀더 밀착하는 과정을 보여준다. 특기할 만한 것은, 이 시기에 등장하는 토속적인 정감의 세계가 1980년대 시사를 휩쓸고 지나간 민중적 정서의 새로운 발견이라는 것, 두 번째는 일반적으로 첫 시집에 나타나는 〈성장의 서사〉가 이 무렵에 비로소 출현하고 있다는 점, 그리고 빈곤에 대한 사실적이면서 다양한

반응이 매우 진솔하게 나타난다는 점이다. 이 가운데 토속적 정서는 세계와 공동체에 대한 그간의 사유를 자신의 삶으로 전환하고, 이를 삶에 대한 보편적인 성찰로 밀고 나가게 하는 중요한 기지가 된다. 의식과 관념이 삶과 일상으로 육화되는 지점에 80년대 민중의 일부를 구성하는 토속적 정감이 자리하고 있는 것이다.

> 그래,
> 경상도 토박이다가
> 깊이 깊이 뿌리내려서 누대에 걸친 가난이다가
> 보리꽃 피는 왕산들에서는 고봉밥 한 그릇 다 비우고
> 질경이 명아주 강아지풀 해거름 밟아오는 보리방구이다가
> 세에노야 세에노야 행랑채 머슴방에선 장기판의 졸이다가
> 팔쭉이다가, 낮게 낮게 흘러서 또 어디로 떠날 봇물이다가
> 이 땅의 척박한 어디에선가 살아 썩어져
> 이 한 몸 썩어져 시퍼렇게 눈을 뜰
> 보리 한 톨.

—「보리 한 톨」 전문

이 시는 첫 시집에 수록된 「밀밭에서」를 연상시킨다. 신생을 위한 노동과 그 세계에 대한 그리움을 형상화했던 「밀밭에서」가 도래할 세계에의 기대를 노래했다면, 「보리 한 톨」은 신산한 삶을 통과한 자의 단단한 현실 의식을 표현하고 있다. "경상도 토박이" "누대에 걸친 가난" "보리방구" "장기판의 졸" "봇물"

등은 기층 민중의 삶을 상징하는 기표들이다. 관념과 의식이 아닌 몸으로 살아내는 땅의 삶, 시인은 이러한 기표들의 호명을 통해 지속되는 생의 역사를 이야기한다. 그것은 머리로 구성되는 관념의 세계가 아니라 구체적 일상을 살아내는 몸의 세계이다. 그 점에서 "보리 한 톨"은 희생의 관념적 상징이었던 '밀알'의 현실적 버전이라고 할 수 있다. 성선경의 시에서 '경상도'나 '과거의 기억'들은 "보리 한 톨"의 삶, 그것의 애환과 지혜를 형상화한 것이다. '밀알'에서 "보리 한 톨"로의 육화肉化 과정이야말로 성선경 시세계의 가장 큰 변화의 줄거리라고 할 수 있다. 그 점에서 세 번째 시집 이후 가장 중요한 테마의 하나인 가난하고 고단한 일상은, 이 땅의 수많은 "보리 한 톨"들의 구체적 삶의 풍경이 되는 것이다. 그 풍경을 시인은 때로는 우수의 정서로, 때로는 엄살의 진술로, 때로는 능청맞은 언어로 형상화한다.

> 아이를 가지고 입맛이 없다는/아내를 위하여 찬밥 한 그릇을 말아/멸치 몇 마리와 함께 들여온 나는/온갖 너스레를 다 떤다(중략) 그러나 아내여/눈웃음치며 게눈 감추듯/찬밥 한 그릇을 먹어치우며 생각해보면/찬밥이 어찌 밥이 차다는 뜻 뿐이랴/내가 세상에 나와 오로지 굽실거리며/아양떨며 내 받아온 눈치며 수모/그 모두 찬밥인 것을/아내는 아직도 입맛을 다시며/재미있다고 깔깔거리고 박수를 치고/제가 배웠던 고등학교 교과서 그 낭만적인/김소운과 가난한 날의 행복 한 구절을 떠올리며/정말, 우리는 늙어서 할 얘기꺼리가 많겠다고/스스로 결론까지

짓는 아내 앞에서 더욱/너스레를 떨며 아양을 떠는 나는 누구냐.//가랑비 촉촉히 속으로 젖어드는/찬밥 한 그릇.

—「찬밥」 일부

「찬밥」은 고단한 삶 속에서 낭만적 순수성이 어떻게 경험되는가를 그리고 있다. 임신해서 "입맛이 없다는 아내를 위하여" 차려내 놓은 "찬밥 한 그릇"은 자신의 현실을 적나라하게 상기시키는 사물이다. 그것은 시인의 현재와 더불어 이제까지의 자신의 존재 방식을 생각하게 한다. "찬밥"을 들고 아내에게 "온갖 너스레를 떠는 모습에서 "굽실거리며 아양떨며" '눈치와 수모를 받아온' 과거가 떠오름으로써 "찬밥"은 존재의 상징으로 도약한다. 이 시에서 시적인 것은 우울한 현실을 감싸는 부부의 퍼포먼스에 있다. 시인의 아내라고 해서 "정말" '가난'이 '행복한 기억'이 될 것이라고 믿었겠는가? 서로의 '너스레와 아양'에 장단을 맞추는 젊은 아내와 남편의 모습, 그리고 그것을 반추하는 시인의 모습은 현실을 인정하고 타고 넘을 줄 아는 '어른의 내면'이다. "스스로 결론까지 짓는 아내"의 '너스레'와 '자신의 아양' 앞에서 존재의 정체성을 되묻는 물음 은 슬프고 쓸쓸하지만, 우리는 이미 그 안에 삶을 크게 떠안는 포월의 감수성이 내장되어 있음을 본다. 이러한 감수성이야말로 "보리 한 톨"의 삶을 지속시키고, '찬밥' 같은 삶을 살게 하는 요인일 것이다.

3.

성선경의 두 번째 시집에서 세 번째 시집으로의 이월은 치솟는 분노와 슬픔이 잦아드는 과정이다. 부정적 현실에 대한 비판의 정서들은 세 번째 시집에서 고단한 생에 대한 연민과 우수, 그리고 탈일상에 대한 동경으로 옮겨간다. "날이 새면 가야 할 길은 끝없는 구절양장"(「서른 살의 박봉씨-삶, 구두, 한 켤레」)이라고 삶을 인식하면서도 "무엇을 하지 말라 말하지 않"는 "가보지 못한 땅"(「서른 살의 박봉씨-물금勿禁」)을 그리워하는 것은, 이후의 성선경의 시세계를 지배하는 내적 구조이다. 이는 시적 감정의 영역 축소이자 구체적 일상으로의 귀환이다. 우리는 그 속에서 한 인간을 통과해가는 감정의 삶과 시간의 표정을 보게 된다. 이 시집의 4 · 5부를 구성하는 네 번째(『몽유도원을 사다』, 2006) 다섯 번째 시집(『모란으로 가는 길』, 2008)은 불혹을 넘어 선 시인과 동행하는 이들의 기록이라고 할 수 있다.

> 흔들리지 않아서
> 그 무엇에도 흔들리지 않아서
> 한 그루 소나무 옆의 바위처럼 조용히 누울 와臥
> 개울가에서 발 담그면 고요히 흐를 유流
> 수풀 사이에 몸 숨기면 들꽃 옆의 나비 접蝶
> 새벽 강가에 서면 곱게 가라앉은 물안개 같아서
> ……불혹不惑……
> 들녘에선 한 촌로나

촌로의 낫 아래 베어진 벼밑둥 같아서
그저 그러하여서
한 점 미혹됨이 없는 시詩여야겠는데

낙락장송 옆에서도 이미 학이 떠난 빈 둥지같이 빌 공空
개울가에서는 피래미나 송사리같이 깜짝 놀라 달아날 주走
수풀 사이에선 또 이미 볼품없이 시든 꽃 추할 추醜
새벽 강가에선 머저리같이 흔들리는 갈대처럼 꺾어질 좌挫
저 들녘에선 흔들리는 허수아비
장바닥을 뒹구는 널브러진 호미
혹은 괭이자루
밑창 떨어진 헌 짚신짝
배추뿌리나 무꼬랑지 같은
시인詩人이여.

—「불혹不惑」 전문

「불혹不惑」은 삶의 누추를 처리하는 시인의 감수성을 잘 보여주는 시로서, 그의 언어 감각과 유머의 의미를 시사해주는 작품이다. 전반부와 후반부 진술 사이의 격차를 통해 웃음을 유발하는 시는 보잘것없는 불혹의 삶을 따뜻하게 떠안는 시인의 내면을 드러내준다. "바위처럼 조용히 누울 와臥" "고요히 흐를 유流" "들꽃 옆의 나비 접蝶" "곱게 가라앉는 물안개", "벼 밑둥" 등 정온하고 굳건한 대상들과 " 빈 둥지같이 빌 공空" "송사리같이 깜짝 놀라 달아날 주走" "볼품없이 시든 꽃 추할 추醜"

"흔들리는 갈대처럼 꺾어질 좌挫" "허수아비" "널브러진 호미" "밑창 떨어진 헌 짚신짝" "무꼬랑지" 등 한없이 초라하고 옹색한 사물들의 대비는, 생의 지향과 누추한 현실의 간극을 숨김없이 확인시켜 준다. 그러나 이 시가 날카로운 자기비판이 아닌 따뜻한 관용으로 읽히는 것은 실패의 일상을 형상화하는 유머러스한 언어들 덕분이다. 성선경의 능란한 언어 감각이 갖는 의미가 바로 여기에 있다. 그에게 언어는 삶의 누추함을 풀어내고 다스리는 치유의 장이다. 현실에서 받은 상처와 슬픔이 언어를 통해 위안으로 돌아오고, 그 위안의 감정을 밀고 나가 삶에 대한 보편적 각성으로 확대하는 과정이 그의 시를 통해 이루어진다. 성선경에게 언어는 치유와 관용, 각성과 사랑을 길어올리는 두레박과 같다. 어르고 눙치는 그의 유머러스한 언어들 속에는 애틋한 우수의 감정이 내장되어 있다. 말을 가지고 노는 성선경의 손끝에서, 나는 그의 슬픔과 쓸쓸함을 본다.

시인의 능란한 언어 감각은 말기末技가 아니라 삶과 세계를 보는 인식의 내용과 긴밀하게 연관되는 바, 성선경의 최근 시들이 보여주는 활달한 상상력은 그가 누리고 있는 감수성의 자유로움을 웅변하는 근거이다. 우리는 그의 상상력에서, 그리고 이를 형상화하는 언어들에서 세계를 보는 따뜻한 감각을 경험하게 된다.

> 비 오는 날은 공일이라고 민화투라도 치는지 늙은 엉덩짝들이 모여 앉았네. 아주 평상에라도 나앉았다는 듯 군입거리를 다시 듯 쩝쩝거리며 엉덩짝들이 모여 앉았네. 며느리 흉이라도 보

는가 저희들끼리만 소곤소곤 아주 귀엣말하듯 모여 앉았네.

웬 할머니들이 단체로 오줌을 누는가? 추적추적 비 내리는 날 다 찌그러진 우산을 쓴 듯 안 쓴 듯 언덕배기에 엉덩짝을 까고 오줌을 누는가? 이젠 아주 부끄러움도 없다고 엉덩짝을 툭 까고 히히거리는가? 손 안대고 누가 멀리 가는가 오줌발 시합이라도 하시는가?

아이쿠! 민망도 하시지
아들 딸 다 키우고
손자 손녀도 다 봤다고
인젠 얼굴도 가슴도 볼품없다고
아예 엉덩짝까지 다 보이시는가
할머니도 참.

―「호박밭」 전문

비 오는 날의 호박밭 풍경을 묘사한 시는 관능과 유머와 능청이 잘 어우러진 작품이다. 호박밭의 호박들에서 노파들의 엉덩이를 떠올리는 이 시의 상상력은 음란(?)하다 못해 아주 유쾌하다. "할머니들이 단체로" "늙은 엉덩짝"을 까고 누가 멀리 가는가 "오줌발 시합"을 하느냐고 "히히거리는" 상상력에서 우리는 생명을 향한 시인의 따뜻한 직관을 생각하게 된다. "인젠 얼굴도 가슴도 볼품없"어진 할머니들을 호박밭에 모여앉게 해서 오줌발 시합을 하게 만드는 상상력 속에는 생에 대한 깊은 연민과 사랑이 깔려 있다. 이 유쾌한 관능을 통해 회춘하는 할머니들의 저 웃음소리를 당신은 들으시는가?

유년 시절의 기억들을 형상화한 〈청학재 연작〉이나 다섯 번째 시집의 〈모란 연작〉은 「호박밭」의 상상력이 출현하는 기지를 보여주는 작품들이다. 〈청학재 연작〉이 그린 기억의 세계는 산 자들과 죽은 이들, 만물과 정령들이 어우러진, 조화로운 감각의 공동체이다. "오랜만에 닭 한 마리"를 잡게 되면 마을의 온 노인들이 초대되고(「청학재 시편–씨암탉 한 마리」) "밥 한 술만 떠도 고씨레 고씨레 하고 신명 대접을 하"는 세상(「청학재 시편–제미祭米」)은 살아있음의 경이가 일상 속에 육화된 세계이다. 만물이 서로를 돌아볼 줄 아는 세상, 그 마음을 시인은 유년 시절의 〈청학재〉를 통해서 복원하고자 하는 것이다. 성선경의 이러한 세계는 자본주의적 심성–경제성과 효율, 도구적 합리성과 감각의 직접성에 종속된 현대적 삶을 비판적으로 성찰하게 한다. 이는 다섯 번째 시집의 〈모란 연작〉에도 이어지는 테마이다.

> 웬만하면 한 번 돌아보지 그래, 웬만하면 한 걸음 멈추고 뒤돌아보지 그래, 가서는 영영 돌아오지 않는 저 폭포도 단호하게 획 떨어져 내리기 전 한 번쯤 멈칫하듯이 웬만하면 한 번 되돌아보지 그래, 잠시 할 말을 잊었을 때 머리칼을 쓸어 올리듯이, 봄이 이미 왔더라도 이 추위 잊지 말라고 꽃샘의 바람이 불듯이.

> 웬만하면 한 번 웃어주지 그래, 저 악보가 오선지를 떠나 음악이 될 때 소리통을 한 번 쿵 울리고 떠나는 것처럼 웬만하면 한 번 웃어주지 그래, 이미 꽃이 진 자리에도 슬쩍 배추흰나비가 잠시 쉬었다 가듯이 웬만하면 웃어주지 그래, 잠시 구두끈을 고쳐 매듯이.
>
> —「여기 모란」 1 · 2연

곰곰이 생각해보면 우리는 "웬만하면 한 번~지" 않는 세상을 살고 있다. 모든 사람들이 저마다 자기 일로 분주하게 어디론가 가고, 뛰는 걸음으로도 모자라서 에스컬레이터에서도 걷는다. 오죽하면 다른 사람을 위해 무엇인가를 하는 데 걸리는 시간이 불과 몇 초라는 광고가 등장했겠는가. 「여기 모란」은 우리 속에 기숙하고 있는 이러한 무심함과 건조함에 말을 건다. "웬만하면 한 걸음 멈추고 뒤돌아보"고, "웬만하면 한 번 웃어주"자고 시인은 제언하는데, 그 제언이 향하고 있는 형상들이 참으로 아름답다. "가서는 영영 돌아오지 않는 저 폭포도 단호하게 획 떨어져 내리기 전 한 번쯤 멈칫하듯이", "봄이 이미 왔더라도 이 추위 잊지 말라고 꽃샘의 바람이 불듯이" "저 악보가 오선지를 떠나 음악이 될 때 소리통을 한 번 쿵 울리고 떠나는 것처럼" "이미 꽃이 진 자리에도 슬쩍 배추흰나비가 잠시 쉬었다 가듯이"… 그렇게 "돌아보고" "웃어주자"는 형상의 안쪽에는 생에 대한 애틋함과 연민, 그리고 타자에 대한 배려가 자리 잡고 있다. 이것이 시인이 일상에서 도달한 '모란'의 의미이다. 이 '모란의 생'은 신산한 삶을 단순히 위무하는 유심론唯心論적

망각이나 도피가 아니라, 생의 비애를 고스란히 받아들이되 이를 공유하고 있는 존재들의 부름에 응하는 삶의 방식이다. 이는 존재의 근원적 슬픔을 노래한 절창 「모란 그늘」에도 나타난다. "내가 저 빛 가운데로 걸어간다 해도" "지울 수 없는 어둠", "어쩔 수"도 "알 수"도 없는 슬픔, "미망같이 몰려오는 둥그런 허기" 등등. 이러한 깊은 슬픔이 "웬만하면" "돌아보고" "웃어주"자는 제언 속에 내장되어 있는 것이다.

성선경은 생의 비애 아래 있는 자이되, 이 비극성을 다른 존재를 향한 관심과 연민으로 전환하는 '따뜻한 비관주의자'이다. 그에게 슬픔은 삶을 애틋하게, 사람들을 더 그립게 만드는 힘이 된다. 눈길이 가닿는 사물과 존재들 속에 마음을 내려놓고 깃드는 과정을 통해 슬픔은 삶을 위무하는 자양이 된다. 성선경의 비관주의는, 그래서 사랑이 되는 것이다. 다음 작품은 그 사랑의 정취를 흐드러지게 보여준다.

> 살구꽃 피면 한 잔하고 복숭아꽃 피면 한 잔하고 애잔하기가 첫 사랑 옷자락 같은 진달래 피면 한 잔하고 명자꽃 피면 이사 간 옆집 명자 생각난다고 한 잔하고 세모시 적삼에 연적 같은 저 젖 봐라 목련이 핀다고 한 잔하고 진다고 한 잔하고 삼백예순날의 기다림 끝에 영랑의 모란이 진다고 한 잔하고 남도南道의 뱃사공 입맛에 도다리 맛 들면 한 잔하고 봄 다 갔다고 한 잔하고 여름 온다 한 잔하고 초복 다름 한다고 한 잔하고 삼복 지난다고 한 잔하고 국화꽃 피면 한 잔하고 기울고 스러짐이 제 마음 같다고 한가위 달 보고 한 잔하고 단풍 보러 간다고 한 잔하

고 개천開天은 개벽開闢이라 하늘 열린다고 한잔하고 입동立冬 소설小雪에 첫 눈 온다고 한 잔하고 아직도 나는 젊다고 한 잔하고 아랫목에 뒹굴다 옛시詩를 읽으며 한 잔하고 신명神明 대접한다고 한 잔하고 나이 한살 더 먹었다고 한 잔하고 또 한 잔하고

—「장진주사將進酒辭」 부분

"살구꽃 피면 한 잔하고 복숭아꽃 피면 한 잔하고…". 이 시는 제목 그대로 '장진주將進酒'를 형식과 내용으로 삼았다. 사물의 변화에 감感하고 응應하는 마음, 그 마음이 시인을 술 앞에 장진將進하게 한다. 어찌 보면 '술 좋아하는 사람 치고 악인 없다'는 말은, 주심酒心과 감응感應 능력의 상관성을 뜻하는 것이 아니겠는가. 꽃이 피었는데 어찌 지나칠 수 있을까, 그 마음이 술잔을 기울이게 한다. 진달래에서 '애잔한 첫 사랑' 생각을 하고, "명자꽃 피면" "옆집 명자 생각"하고, "도다리 맛 들면 한 잔하고", 달을 보면 "기울고 스러짐"을 생각하고…. 사물의 변화에 감感하고 응應하고 흥興하는 마음에서 보면 이 세계와 나는 결코 둘이 아니다. "옆집 명자"를 생각나게 하는 '명자꽃'이 어찌 내 밖에 있다고 할 수 있겠는가. 그렇게 보면 이 세계는 내 마음으로 인해 수런거리고, 나는 사물들로 인해 흥성거린다. 그 흥이 술로 나아가게 하는 것이다. 물론 나를 감응하게 하는 것은 생명이고, 궁극적으로는 시간이다. 꽃이 핀 사태가 술을 부르는 것은, 개화 뒤에 올 낙화落花 때문이다. 소멸로 인해 생명 현상은 감동과 감흥을 주는 것이며, 그러한 현상에 감응感應하게 되는 것은 내 안에서 동動하는 유한한 생명 탓이다.

생명의 유한성이 생명 현상에 감응하게 한다. 그래서, 감응주感應酒에는 흥성스러움과 더불어 슬픔과 연민과 애틋함이 내장되어 있는 것이다. 근래 들어 점점 활달해지는 시인의 언어들은 이 감응 능력이 허여하는 너그러움에서 비롯된 것이리라.

성선경은 매우 드물게 감感하고 응應하고, 그리고 흥興할 줄 아는 자이다.

詩人이여! 그대의 마음이 이 부실한 산문에 응하게 된다면 나는 그대의 마음으로 인해 심히 감흥하게 되리니, 그때 내 어찌 그대의 눈에 깃든 저 꽃들의 그늘을 보지 못할 것인가.

문학의전당 · 시인선 71
돌아갈 수 없는 숲

초판인쇄 2009년 6월 5일
초판발행 2009년 6월 9일

지 은 이 성선경
펴 낸 이 김충규
펴 낸 곳 문학의전당
출판등록 제387-2003-00048호(2003년 9월 8일)

주 소 121-718 서울특별시 마포구 공덕2동 404번지 풍림VIP텔빌딩 202호
전화번호 02-852-1977
팩시밀리 02-852-1978
블 로 그 http://blog.naver.com/mhjd2003
전자우편 mhjd2003@naver.com

I S B N 978-89-93481-25-9 03810